時

時間と自我

はしがき

勤務先の大学を停年で退職してから約十年の間に書いた論文を集めたが、半ば意図した様に主題を時間と自我の概念にしぼることで一応系統らしい体裁をつけることができた様に思う。したがってその全体はなお未完成の状態であり、後数年を待つべきであったろうが、私の残存持ち時間も乏しいので一応のベースキャンプを張るようなつもりでまとめたものである。もちろん山頂の様なものが展望できるわけでもなく、相も変らない彷徨の中休み地点をいくらかととのえただけのものである。

主題の一つである時間についていうならば、これまで無数に続けられてきた時間論議の方向を急角度に一転する目的から、現代公認の時間である物理学の線型時間の批判を試みた。というのは、時間にまつわる疑問や難問のほとんどすべてがこの線型時間に起因している様に思われたからである。その端緒として物理学の時間から欠落している過去現在未来のいわゆる時間様相、なかんずく過去の意味を探究することから始めた。ところが、過去という意味のすべてが埋められている想起の体験について常識が決定的な誤解をしているのに気付くことになり、その誤解を訂正することから突然開いた洞穴をたどることになった。しかし、この洞穴の道の奥には一つの恐しい奈落が見えてきた。過去とは文字通りの夢物語ではないか、したがってこのアナーキーの過去には何の条理もなく限りなく無意味に近い制作物ではあるまいか、こうした恐怖を感じさせる奈落に面しては立ちすくむ以外にはない。今後はこの奈落を避けて廻り道をする坑道を掘ることになるだろう。それは、過去の実在性を含む、「存在」の概念を考えてゆくことであり、それと共に、自然科学の基盤である素朴実在論の意味を明らめてゆくことになるだろう。

　今一つの主題である自我の概念についての探究では、それとペアになる他我概念を避けて通るわけにはゆかず、本書では自我よりも他我が主題であるかの如き観を呈している。周知の様には他我について他我問題（Othev Mind）という名で主として英米の分析哲学の中で公認の難問とされてきた。私はそれを難問とする原因を取り出すことから始め、ついでその原因を回避する様に他我概念の意味をいわば設計し、その設計に従って他我概念を制作するという方法をとった。この過程で最も参考になったのは、全盲の達ちゃんという子供が晴眼の子供たちと自然な交信ができたという幼稚園の報告であった。それは視覚経験を全く異にする、それゆえ極端に隔絶した他者同士の間で相互理解が可能であることを示すことで哲学者の哲学的論議を嘲笑するものだからである。それゆえ私のとった方法は、現実の日常生活の中で実用されている他者の意味をお手本にしてそれにできるだけ近い意味を意識的に制作してみせることであった。

少くとも私の目からは一応目標通りの制作ができ上ったと思う。それで私に限っては他者問題は登録抹消することにした。この問題に最後まで苦しんだウィトゲンシュタインに貧しいながら私なりの回向をしたつもりである。

時間と自我という主題に直接属さない論考も二、三、収録してある。その中で風情についてのものは美学の領域であるが、その基底では過去概念に接続している。鏡像についてのものは、強固に支持されてきた常識にも変更が不可能ではないことを示す練習問題として見てほしい。

本書の出版を提案し遂行して下さった青土社編集部の宮田仁氏、雑誌「現代思想」に自由な投稿を許して下さった西田裕一氏、喜入冬子氏に更めてお礼を申し上げたい。

一九九二年一月

大森荘蔵

*

時間の変造

序　原生時間と線型《リニア》時間

ベルクソンが、普通われわれが「時間」と呼んでいる物理学の時間 t は実は「空間化」された時間であって真正の時間ではないと批判したことは今日では旧聞に属する。しかし、この批判が当たっているかどうかを検討するためにはベルクソンの概念装置から離れて、しかも彼の「空間化」と平行しながらその道を丹念に歩き直してみることが得策だろう。それによって、彼が「空間化」と呼んだものが何を意味しているか、そしてその空間化の帰結が何であるか、この二つの点が明白になるだろう。そうなればベルクソンから離れて時間の正体にいくらか近づけるだろう。そう思って、まず仮説的な「真正時間」として、われわれの体験の中に生のままに露出している時間性を考えて、これを「原生時間」と呼ぶ。太古から人間の斧鉞の入らぬ原生林のような原生的体験の中の時間だからである。一方この原生時間に対して、それを空間化したとベルクソンがいう物理学の時間 t を「線型《リニア》時間」と呼ぶ。もちろん t の根本的特性がその線型性にあるからである。ここでベルクソンが真正の時間を考えてそれを純粋持続と呼んだことは意図的に無視している。そして以下の探究は彼の「空間化」にできるだけ近よせて、原生時間からリニア時間に至る道を構成してみることである。換言すれば、直接体験的に与えられている原生時間からリニア時間を引き出してみることである。それは、原生時間をリニア時間に変造すること、原生時間をどう変造すればリニア時間になるかを尋ねることに他ならない。

ここで特異な点がある。それはリニア時間 t は科学と日常生活でわれわれが使いなれている時間で、その性質は比較的明確である。それに対して原生時間の方は原生林同様に薄暗い中に巨木が重なるといった状態で見定め難い所が多い。つまり、変造の出発点である原生時間の方が暗く、変造の結果であるリニア時間の方が明るい、これが特異な点である。

したがって、原生時間からリニア時間へとたどる、というよりも逆に、明確なリニア時間から原生時間へとたどる、ということになりがちになる。この事情があるために原生時間をベルクソンのように純粋持続とあらかじめ規定してしまうことを避けたのである。

リニア時間から原生時間へ、この逆コースを「連続性」というリニア時間 t に明確に備わっている性質から始めよう。

一　連続性

リニア時間の連続性はいうまでもなくtという一次元実数の連続性である。原生的体験の中にはこのように高度に概念的な連続性などがあるはずがない。原生体験の中には第一「時間」という明確な概念すらないのである。原生時間と呼んだものも、原生体験の中の時間的なもの、時間性とでもいうべきものをそう呼んだのにすぎない。だからここで探究するのは、原生時間の持つ何かの性質で、それを「変造」すれば一次元連続性になりそうな性質は一体何だろうか、ということである。つまり、原生時間の中で一次元連続性の元になりそうな性質は何か、ということである。それならば難かしくはない。原生体験の中で何か原始的に連続といえそうなものを探せばよい。ところで、どんな体験でもパタリと途切れてまた急に始まることはない。体験は途切れることなく続いている。この「途切れなし」で「続いている」ことこそそれである。誰もそれ以外のことは考えられないだろう。それゆえ、この「途切れず続いている」ことを「原生的連続」と呼ぶ。この原生的連続がリニア時間の一次元連続性とは全く別であることはいうまでもない。だからこの原生的連続を「変造」したものがリニア時間の連続性だというのである。換言すると、リニア時間tにある連続性は元々の体験の中にはなかったものである。体験の中には原生的連続しかないのに、それを種にして変造、つまりデッチあげられたものなのだ。ベルクソンはそれをおだやかで一見紳士風に「空間化」といったのである。

二　時間順序

連続性の場合はリニア時間による変造がデッチあげに近いまでに目立つが、時間順序という点はむしろ原生時間とリニア時間との間の照応性がいちじるしい。しかし、リニア時間に備わる明確な時間順序と較べると原生時間の中の順序はおぼろな姿しか見せない。まず、リニア時間では点時刻の前後と同時が順序をつくっているが、原生時間には点時刻は存在しない。原生時間で前後とか同時といえるのは点時刻ではなくて、多少なりとも漠然と指示される体験の切片である。コーヒーに口をつけるという切片体験は犬が吠えるのが聞こえたという切片体験より以前であり、お客が立ち上がるのが見えたという切片体験と同時であった、というように、切片体験の間に以前、同時、以後という順序があるだけである。しかし、この切片体験の間の時間的順序以外にリニア時間の点時刻順序に対応するものはみあたらないので、それを原生的連続にならって「原生的（時間）順序」と呼ぶのはさして不自然ではないだろう。この原生的順序に、太陽や時計の針の位置の体験切片を標準にとってそれらの標準体験との原生的同時性によって原生体験切片に時刻づけをすることは容易であり、しかもその時刻づけをリニア時間の慣習的時刻づけ（年月日時分秒）に一致させることも難かしくはない。それにもかかわらず、原生的順序とリニア時間の点時刻順序とは、ここでも変造を語るに不足がないほどの違いがあることは明白である。リニア時間順序は原生時間順序を変造したものである。

その変造の中核をなすものは点時刻の概念であること、これまた明白であろう。したがって次に点時刻の変造について語ることになる。

三　点時刻

原生体験の中に点時刻概念の原型を探索してゆくとき、われわれの世界概念の始原に遭遇する。その遭遇する地点は世界という概念と自我の概念が一対の組になって発生する地点である。まず視覚経験に注目する。視覚経験の基本的事実の第一は、三次元立体の「事物」が見えているということである。事実の第二は、しかしその時その時に私に見えているのはその事物の（私に対しての）正面であるということである。ここに「原生的キュビズム」と呼びたい基本的状況がある。つまり、私に対して存在するのは立体的事物であり、その時々に私に見えるのはその正面の知覚風景であるという、ピカソやブラックが絵画の上でキュビズムと呼んだ状況である。それらの立体事物を総括するのが世界という概念であり、その世界の正面を知覚するのが自我である。そしてその知覚されるのは世界のその時々の正面なのである。この「その時々」から「今という瞬間」という概念が導かれる。だから原生キュビズムと呼んだ基本的状況こそ「世界」、「自我」、「今」という三つの基本的概念がひと揃えになって発生する場所なのである。世界、自我、今、という三つの概念が三位一体《トリニティ》となって「世界の中の私に今世界正面が見えている」という原生キュビズムの基本的状況が表現される。逆にいえば、この基本的状況を各座標に射影したものが世界、自我、今、という三つの概念であり、それらは同一の一つの状況の射影として当然三位一体を形成する。

この三位一体の一つである「今」の概念に含まれている「瞬間」の概念以外にはリニア時間の「点時刻」の原型はみあたらないように思われる。そうだとすれば、リニア時間の点時刻という概念は原生体験の「瞬間」を原型にしてそれを変造したものである。瞬間の概念を原生的点時刻と呼ぶべきであろう。

瞬間の概念には短い持続という意味があるだけで持続ゼロの点時刻の意味がないのはもちろんである。しかし、短い持続という意味の中にはそれを分割して「より短い持続」という意味が生じる可能性を持っている。そしてこの短縮化を繰り返してゆくことで極限的に持続ゼロ、つまり点時刻の意味にたどりつくのはむしろ自然であろう。このとき出発点の瞬間がどれだけの長さの持続かという問題は起こりえない。点時刻という概念ができてはじめて瞬間の始まりと終りという「端《はし》」の概念が可能となり、その上ではじめてその両端の間の長さという概念が生じうるからである。

こうしてリニア時間の点時刻という概念は原生体験の中の「瞬間」を原型として変造された概念であり、この点時刻概念の変造を基礎としてその上に連続性や時間順序の変造が成就しえたのである。こうしてリニア時間そのものが変造された。中世の自然学者はいうに及ばず、アリストテレスやアルキメデスに既に時間を一つの直線で表示する傾向がみられるが、そのとき既にリニア時間の変造は終了して、現代のわれわれはこの変造されたリニア時間を真正の時間だと思いこんでいるのである。ベルクソンがいささか曖昧に時間の空間化と呼んだ動機は恐らく瞬間持続から点時刻が変造されたことに注目したのではないかと思われる。

この点時刻の変造は遠い昔に気づく人もなく隠密に遂行されたが、それが変造であったことの証拠が隠滅されることなく現在にも残っている。最初にそれに気づいたのはパルメニデスを主とするギリシャのエレア派であった。有名なゼノンが考えたといわれるパラドックスの共通の根が、この変造された点時刻の概念に他ならない。持続ゼロの点時刻t_0における世界の状態とは意味をなさない、これがゼノンが示したかったことである。仮にそれが意味を持つとしたならば飛んでいる矢のt_0での状態を云々できるはずである。t_0ではその矢はある位置にあるのだから、その位置に静止していることになる。そしてすべての時刻tで同じことが言える。これが飛ぶ矢のパラドックスであるが、アキレスと亀の場合でも、アキレスの追跡運動で点時刻での両者の位置を云々しさえしなければこのパラドックスは成り立たない。だが、点時刻での系の状態ということが無意味であるならば、時間変数tの関数を基本的描写法とする現代科学の全体が無意味になりかねない。それについての答の用意は今私にはないが、*点時刻という概念の変造がまぎれもない痕跡を残しているということは確かであろう。

四 過去の意味

連続、点時刻、時間順序と変造は順調に進んだ結果、リニア時間は一次元実数で体裁よく表示されることになり、その単純さと明快さで誰もが安心して何の疑念もなく受け入れてきた。しかしそのためにかえって時間の核心ともいえる現在・過去・未来の様相については決定的な誤りを犯してしまった。というのは、様相、例えば過去性の本質に触れることができないで、ただ「現在より以前」という付帯的で第二義的な順序関係に帰せられる性質だけを把えてそれを点時刻で表示して事終れりにしてしまったのである。過去とは、リニア時間線上の一点を現在としてそれより右（又は左）、という全く形式的な規定を変造、というよりは捏造したのであ

＊ 連続については「刹那仮説とアキレス及び観測問題」の章で更めて検討してある。

る。だから、過去とは一体何を意味するのか、という時間にかかわる根底的な問いをリニア時間に問うことはできない。リニア時間はそのような問いを素通りした変造を受けているからである。その問いを問うならばそれは原生時間に対してのみ問える。そしてその答は想起という原生体験の中にある。想起体験の中でのみわれわれは「過去」を経験できるからである。想起とは過去の知覚体験の再生ではない。知覚の再生とか再体験とかは事実として存在していない。食物の味、傷の痛み、美しい風景、人声やピアノ曲、それらが再度体験されることはない。想起とは知覚の再生体験ではなく、過去の風物の初体験なのである。この初体験は言語的には過去形動詞によってのみ表現され、逆に、動詞の過去形の意味はこの想起体験の中でのみ与えられる。この過去の初体験としての想起体験の核心は、その体験される内容が過去であるという意識にある。知覚体験の内容が現在であると認識されているように。だから想起されるされないとは独立に過去なるものがあって、それが想起されるのではないかという問いは全く無意味である。過去ということの意味こそ想起体験の中で経験されるのであるから、想起されない過去とは矛盾である以前に無意味なのである。

一方、想起体験の内容が過去だと意識されることの中に、それが想起体験自身よりも以前だということが含まれている。現代の常識であるリニア時間が現在以前という点からのみ過去を捏造したのはこれに起因する。ここでいうまでもないが、想起体験も知覚体験もいうまでもなく「今現在」である。「今食事中」と同様に、すべての体験は「今体験中」だからである。過去と同様、「今現在」もまた単にリニア時間軸上の一点時刻ではなく「今……の最中」という体験の中にその意味が与えられる。もちろん、未来の意味も同様に予期とか意図の体験の中にあることはいうまでもない。例えば、「とりこし苦労」の体験の中に未来の意味がまざまざと経験される。

五　時間の流れ

時間が流れる、あるいは時間の流れという観念は恐らくあらゆる民族の言語に見ることができるだろう。時間が流れる、ということは殆ど抗し難いような力で人々を誘うように思われる。しかし、時間の流れということで人は何を意味しようとするのか、いや一体何が意味されうるのか、殆どの人には自信がない。ある人々にはそれは「現在が次々と水が流れるように過去になる」ということであろう。しかし、前節に述べた想起体験の中の過去の意味には「かつての現在体験」ということが含まれているだけである。これは、想起体験で経験される過去はかつての現在であったことを意味するだけで、現在経験が刻々と過去として想起されるとまでは至らない。つまり、原生体験には現在が過去に流れてゆくということを保証するものはない。

時の流れの観念は原生時間ではなくリニア時間の中で制作された、いや捏造された疑いが濃い。

というのは、人々が時間の流れの観念にかくも容易に誘われるのは、リニア時間の中に描かれる挿し絵によってではないかと思われるからである。リニア時間の直線t上を一つの点時刻Xが過去の方に移動するという極めて自然でまた説得的な挿し絵である。

しかしこの挿し絵は極めて危険なだまし絵なのである。時刻点Xが直線t上の点AからBに動くものとしよう。点Xが点Aに在るとは、XはAと同一点であるということの他はない。同じく点Bに在るとは、XはBと同一であるということ。だとすれば異なる二点AとBとが、更に今一つの点Xがそれに同一だということになる。明らかにこの挿し絵は矛盾した絵であり、意味をなさない絵なのである。このことはXとA、Bが点時刻ではなく幾何学の点であっても同じく矛盾であり、幾何学では運動を表現できないということにその端がある（幾何学で運動を云々するのはすべて見せかけだけで、運動の軌跡を運動らしく見せているだけ。このことはベルクソンもゼノンの論法に反論するときに論点として使っている）。ここで述べた議論は、運動のみならず一般に変化は不可能である、というエレア派の議論の一事例とみてほしい。一方、原生時間には時の流れを錯覚させる経験がある。それは、何かを待っているときに強く感じる「時が経つ」という経験である。この唯一の手掛かりにリニア時間の点時刻の概念が働きかけて時間の流れという架空の流れを捏造するに至ったと思われる。このようにその捏造であることを私が述べたところで恐らく時の流れという観念の呪縛は解けないだろう。捏造観念こそ最も不死身なものである。しかし、それでも時間は流れない。

おわりに

われわれが慣れ親しんでいる時間は物理学の発展の中で形成されてきたリニア時間である。われわれはリニア時間の中で生きてきたので、それがいわば人間の生得の時間であるように感じている。しかし、それが如何に無邪気で完全にみえようとも、リニア時間は変造された時間なのである。それは大昔の都のように土地に埋もれて変造の痕跡は殆ど消えてしまっている。しかし深く積もった土地を掘り起こしてその変造を復原するという考古学的作業は、時間についての思考のすべてに先立つべき必須の準備作業ではあるまいか。

過去の制作

一　生活の中の時間

一本の線を引く、その真中どころに点を一つ打ってこれを現在とする。そしてその右は未来、左は過去。この無造作な区分割りが物理学者の習慣であり、常人としてわれわれもこの習慣にそまってしまっている。しかし、このお粗末な作図が現在、過去、未来、という時間の基本的様態についておよそ何も教えないということは一目瞭然である。この時間座標t軸の線はただ時刻の前後の配列順序を表示するだけのものである。その時間的順序はわれわれの経験の中にビルトインされている。そのことをカントは時間は直観の形式、という形で表現した。見たり触れたりする知覚の風景の基底には「持続する物体」の概念がある。そしてそれと並んで「出来事（過程）」の概念がある。ドアのノブを握ってドアをあけ部屋に入って挨拶する、こうした一連の出来事を一まとめにして一つの出来事とする「まとめ方」が出来事の概念であり、それは、様々な視点からの机の姿を一つの持続的な物としての机の様々な見え姿として一まとめにする「まとめ方」（カントの総合的統一）に対応するものである。この出来事の中には始めから、始まり、終り、「その次に」という時間順序が組みこまれている。その順序を整理すれば「より以前」、「より以後」という双生児的な時刻比較概念に還元できる。ここから例えば「同時」は「より以前でもなくより以後でもない」として導出できるだろう。この時間順序は「経験の中」の出来事内の順序であるが、それはまた出来事同士の間の順序、さらに経験同士の間の順序にも拡大される。こうしてすべての経験がこの順序に並べられ、その各々の経験の中で出来事が並べられ、さらにその出来事の中で小さな出来事が並べられる。こうして経験が並べ連ねられた経験の帯はそれを一段細かにみれば出来事の連なった出来事の帯である。この出来事の帯でもあり経験の帯でもあるもののページづけが、物理学者の時間変数tなのである。この時間変数tは単に時間順序を時刻づけで表示するだけではなく「時間の長さ」をも適切に表示している。しかし、何をもって今現在とするのか、過去とは一体何を意味しているのか、このような問いに対してはtは全く馬耳東風であって何も答えない。現在と過去、それは経験の間の順序ではなくて経験それ自身の質にかかわるからである。今現在の経験や出来事、それは時間順序に関する限り何の特異性も持たず、他の経験や出来事と区別されるものを持たない。だからt線上にあっては「任意の一点」として表示されるだけである。過去もまた時間順序にかかわる限りは「今より以前」という簡単明瞭な言葉で事務的に定義されて、それでおしまい、である。

したがって、今現在について何かを知ろうとしてt線上の任意の一点をいくら凝視しても無駄である。いや有害でさえあるだろう。その一点が今現在を持続ゼロの点時刻であるように思わせがちだからである。一点である今現在を追えば、今、今、今、の渦に巻きこまれて目くらみすることになる。今現在の探索には時間軸tも原子時計も有害無益である。今現在とは物理学の概念ではなくて日常生活の概念であり、さらに、物理学がそれを精密化するということもないからである。今現在をピコ秒単位まで測るというような無意味な作業を物理学がするわけがない。

日常生活の中での今現在とは、息つく間もないあわただしい概念ではない。一瞬、というようにその間に目をまたたいたり鳥が飛び立つ程度の余裕がある。こののびやかな今現在が生活の中の今現在であり、それは慣習的な今現在として日常語法の中に表現されている。それゆえこの日常の今現在にたどりつくにはその日常語法を糸口にして逆にたどってゆくのが自然であろう。

過去についても今現在の場合と同様、t軸線の左右方向によっては何一つ告げ知らせられない。過去は単に今現在より以前だという時間順序によってのみ過去であるのではない。ある出来事が過去だというのはその出来事の経験が過去だということであり、その経験が過去だというのは過去として想起されることではあるまいか。それによってその経験はt軸上で現在より（例えば）右といった位置を与えられるのであってその逆ではない。

しかし、過去についてはパラドックスじみたことがつきまとう。過去の経験とは過ぎ去った経験、消え去った経験であり、今はもはや存在しない経験である。この非存在の経験について何事かを語る、例えばそれが過去の経験であることを語るのは不条理かまたは無意味ではあるまいか。しかし、もし今は既に存在しない過去の何かについて語ることが不条理ならば、およそ過去形文はすべてまた不条理になりはしないだろうか。この不安な問いが過去であることの核心に導いてくれる。過去の経験であることを告げ、また過去形をもつ文に意味を与えるのは想起なのである。知覚の体験が「……である」「……をする」という現在形の意味を与えるように、想起の体験が「……であった」「……した」という過去形の意味を与える。「火が燃える」とはどういうことなのか、私はそれを見ること触れることつまり知覚する経験から知っている。だが「火が燃えた」とはどういうことなのか、私はただそれを想起することからのみ教えられる。想起の体験がなければ私は「火が燃えた」ことの意味を終生知らないだろう。過去形の意味は現在形の意味をどう変形しどう外挿しようとも理解できない。ただ現在形に対応する知覚経験を想起する、その中でのみ理解できるのである。

二　今現在

「今」とはある一つの時刻を指示する時刻名なのであろうか。今何時何分です。今月が出たところです。さあ今だ。こういう言い方をみれば、今とは時刻名だと考えるのはむしろ当然だろう。しかし、もし時刻名だとしたならば一体今という時刻はいかなる時刻を指すのか。今は二時一五分三〇秒であって三一秒でも二九秒でもない、とはっきり断言できるだろうか。もし断言できるのならば何がその断言を支え断言の根拠になっているのか。また「今」は点時刻であって持続の幅はないのだろうか。だがもし幅があるのならばその幅は約何秒ほどなのか。その幅を測定するとすればどうすればよいのか。

物理学がその測定法を教えてくれるのだろうか。そのようにはみえない。しかしもともと物理学の中に「今」という時刻が使われているだろうか。物理学にあるのは単に連続無限な時間変数tだけではないのか。そのtの一つの値として0《ゼロ》がある。その0が時に今に当てられるが、0が「今」を意味するのではない。0は時刻の測り始め、時刻原点であって、今であることもあれば過去の時刻であることもありうる。要するに、物理学は「今」の意味を与えないのである。「過去」「未来」の意味を与えないようにまた「現在」の意味も与ええないのである。過去・現在・未来、そして「今」の意味が与えられているのは日常生活の中においてである。ではその日常生活の中で「今」はどのような意味で使われているだろうか。

だが日常生活の中での「今」の用法を眺めると、多くの場合に時刻名として使われていることは確かである。しかし、注意してみるならばいま一つの用法群にも気づくであろう。それは「最中」の意味での用法である。「今食事中」「今仕事の最中」「今取りこみ中」「今風呂に入っている」「今入院中」、等々。

この「今……中」「今……の最中」というときの「今」は必ずしも時刻名ではないと思われる。「今……中」ということは「何時何分に……している」ということを知らせようとしているのではなく、まさに今……の最中であることを言っているのである。時刻入りの実況報告を意図しているのではなく「……のまっ最中である」ことを意味している。「今」は分離独立した時間副詞として働いているのではなくて、「今……中」というかかり結びで働いているのである。何の最中かといえばまず入浴、食事、歩行、読書、といった何らかの行動であるが、見ている、聞いている、痛んでいる、といった知覚体験の場合もある。この場合には「今見ているところ」のような「今……しているところ」という形をとるのが普通である。

いうまでもなく、行動とは生きている中での行動であり、知覚もまた生きている中での一つの状態である。したがって、何かの行動なり知覚なりの最中ということは、結局生きている最中ということに他ならない。生きているさなかにふと立ちどまってその生を確認する言葉、それが「今……最中」なのである。そしてこの今最中を自分でない他者に適用するときは、その他者の生の実況放送となる。

ここで、確認される自己の生、放送される他者の生も、共に時間的流れであることは言うをまたない。その時間的流れである生の確認や放送である「今最中」もまた当然その時間的流れに沿って配列し順序づけられる。「今最中」の系列は時間経過の系列に重なるのである。それぞれの「今最中」が時間系列の上に位置づけられるので、そのためそれぞれの「今現在」という時刻であるかの如くにみえることになる。そして、生のさなかを意味した「今最中」が「今現在」という時刻名であるかの如くにみえてくる。「今現在」は「今最中」という原義から派生した一つの転義なのである。

この「今現在」の氏素性が「今」という擬似時刻名に帰せられる時間的性格の多くを説明する。例えば、

(1) いかなる時も「今」である（常住の今）。

自分であれ他者であれ人は常住生きている。したがって常住生のさなかにある。当然あらゆる時点において何かの行動なり知覚なりの「今最中」であるはずである。「今最中」でない時点があればそれは連綿たる生がそこで欠けていること、そこに死が侵入していることを意味す

るからである。連綿とした生に重なる「今最中」もまた連綿たる「今最中」であり、その「今最中」の転義である「今現在」もまた連綿たる今現在である。それゆえ、いかなる時も今現在であり、今は常住の今なのである。

(2) 今現在は常に流れる(今の流れ)。

このことに長い説明はいらないだろう。生きるとは一つの経過であり、その経過を確認する「今最中」は当然流れゆく系列である他はない。しかし、この「流れる今」とは実は無意味な妄想である可能性が強い(前章)。

(3) 今現在は正確な一時刻でもないし、一定の幅をもった時間(時刻間の間)でもない(ふわふわの今)。

「今最中」の行動や知覚が持続を持たない点時刻ではありえぬこと、またその最中である経験が何であるかに無関係な一定幅の時間帯でもありえぬことは明らかであろう。持続ゼロの経験など考えられないし、経験はそれぞれ長短様々な持続を持つからである。さらにまた、その有限な持続を持つ経験の始めと終りが数学的区間のように点時刻で区切られるということもない。もともと点時刻という概念は日常経験には存在しないのである。

そのような点時刻の概念は物理学の実数連続時間 t の中にあってはじめて意味を与えられる。そしてこの実数連続時間 t は日常経験の時間をより精密化することによって生じるものではない。「精密化」ということが意味を持つためにはまず「精密化しうる」時間として実数連続時間tが必要なのであって、その逆ではないからである。

かくて点時刻とはこの物理時間tにおいての概念であって日常時間のものではない。日常時間での今現在は当然点時刻ではありえない。日常生活の今現在は「今最中」の経験の持続であり、その持続の単位を強いていうとすれば「一《ひと》しきり」であろう。そしてこの一しきりの今最中の両端もまた点時刻ではないゆえにその開始終了を秒単位で測ることは意味をなさない。今現在、あるいは今現在の始まりを追い求めて、今、いや今だ、今！　と追跡してもそれは自分の頭の影を踏もうとするのと同様キリキリまいをするだけだろう。そして動かずに静かに立っておれば自分の影はいつも安んじて足下にあるように、人はいつも何かの今最中であり今現在にあるのである。

このゆるやかな一しきりの今現在に対して一つの「今最中」の経験が対応するのに対して、物理時間tの点時刻には瞬間的状態が対応する。物理学の中ではそのような瞬間的状態は至る所にある。一時刻における位置、温度、圧力、電磁場その他である。このような瞬間的状態を考える、ということがとりも直さず点時刻を考えることなのである。したがって日常生活には点時刻の概念がないということはすなわち日常経験では瞬間的状態なるものを考えることはできないということである。例えば、瞬間的激痛という経験を想像できようか。平静な状態から突然激痛が走る。その激痛は一瞬の点時刻であり持続を持たない。そしてその痛みはそれで終り平静に戻る。このような点時刻の激痛状態というものは想像不可能である。それと同様に視覚経験として、ずっと白く見えていた壁が一瞬赤くなって一瞬の間もおかず直ちに再び白に戻るということも想像不可能である。つまり持続のない点時刻的状態というものは日常経験の中では想像上でもありえないのである。このことからゼノンのパラドックスの一つである「飛ぶ矢のパラドックス」に対する答弁がえられる。ゼノンに従えば、飛んでいる矢は各時刻においては静止状態にあるゆえ運動するはずはない、ということである。しかし右に述べたように、各点時刻においての矢の瞬間的運動状態というものは、それが飛翔状態であれ静止状態であれ想像不可能である。それゆえここでゼノンは少なくとも日常経験の中では想像不可能な事態を語っている。そして想像不可能なことは理解不可能であり、理解不可能なことを述べることは無意味なことを述べることである。この常識に従うならばゼノンの飛ぶ矢のパラドックスはパラドックスである以前に無意味な言説なのであり、無意味な言説を聞く必要はないとしてこれを拒むことができる。こうしてゼノンの矢のパラドックスは少なくとも日常経験の中ではその効力を失うのである。

さらに、飛ぶ矢よりは遥かに根本的でこれまで納得のゆく解決が提出されたことのない今一つのゼノンのパラドックス、アキレスと亀のパラドックスもまた「瞬間的状態」の概念の上に立っていることは疑いない。アキレスが先行する亀を追いそれに追いつくとしたならば、その一刻前の亀のいた位置を通過しなければならないが、その位置にアキレスが在る時刻には亀は数歩前方にある。その亀の位置に達するにはまたその一刻前の亀の位置を通過せねばならぬ。このパラドックスの説話にはアキレスと亀の運動における点時刻的瞬間状態の概念が繰り返したたみかけて使われている。だがこの指摘だけでは飛ぶ矢の場合と違ってアキレスと亀のパラドックスに対する反駁にはならない。しかし少なくともこのパラドックスのアキレス腱がどこにあるかを指示するだけのことはできたものと思う。

こうしてとにかく、瞬間的状態の概念を同伴する点時刻の概念は物理時間tのものであって日常時間の中にはない。点時刻や実数連続時間は幅のない線や拡がりのない点のような幾何学概念と同様に日常経験のものではないし、また日常経験から精密化や抽象化によって構成されたものでもない。それらは日常時間が知覚と動作の中で体験されるのに対して、幾何学の概念と同様に「考えられ」「思考された」時間なのである。

しかし日常時間と物理時間とが独立に併存するわけではない。この二種類の時間は、前後関係——より以前、より以後、そして同時——によってリニアな順序を作るという基本的構造を共通に持つことによって、日常時間の上に物理時間を「重ね描《えが》く」ことができるのである。つまり、日常経験の時間的順序と物理時間tのそれとが同型であるために、日常経験をtの上に配列しても矛盾や食い違いが起こらない。実際に、時、分、秒で区画された実数tで測られる時計を測時道具に採用することがこの日常時間と物理時間の「重ね描き」に他ならない。ここで重要なのは計測が実数tの上でなされるということであって、その時計が太陽や水を使うか振子やテンプを使うかは二次的問題なのである。だからゼノンは具象的な時計を持たない環境の中で点時刻のパラドックスを思いつくことができたのである。

だが逆に日常時間に物理時間が重ね描かれたがために、またわれわれのようにその重ね描きの中での生活に習熟しているがために、パラドックスには至らぬまでもあれこれの混乱が起きることは避けられない。

例えば、今現在は鋭い針先のような点時刻である、あるいはそれが持続を持つとしてもその始めと終りは点時刻であると考えるのは、日常時間の今現在を物理時間の一時刻と取り違えたのである。さらに、このように今現在をt軸上の一点とし、次にその現在点との前後関係のみによって過去と未来とが定まるように思いこむ、このベルクソンの言葉を使えば時間の空間化というべき考え方も、同じ取り違えに起因すると思われる。また、今現在をt軸上の一点だとみなしてその点がそのt軸上を動くことをもって「時が流れる」ことであると考えがちなのも、今現在を物理時間上の点時刻だとする取り違えから生じた誤解である。

さらにまた、この同じ取り違えからt軸上の今現在を起点とする半直線を「過去」であるとする安易な考えに陥る恐れがある。物理時間に今現在という概念がないのと同様にまた過去という概念もないのである。天文学や地質学、それに進化論などが過去という概念を使うのは、それを日常時間から輸入し拡大したからである。

三　過去

過去という概念は日常時間のものであることは確かだとしても、その過去という言葉の意味をどこに探ったらいいのだろうか。それは過去という概念が全裸で露出して現われる場面であろう。そしてその場面とはいうまでもなく想起の体験であろう。想起の体験においてこそ人は過去に最も直接にかかわるからである。過去を想起する、というよりはむしろ、想起される経験が過去経験なのである、という意味で想起は「過去」の定義的体験なのである。

想起体験を検討する最初の端緒は一つの根強い誤解を除去することにある。その誤解というのは、想起とは過去経験の再現または再生であるというものである。例えば今、去年の夏の旅行を想い出しているとしよう。このとき昨年の旅行の経験が今甦っているのだ、今再びその経験を思い返して味わっているのだ、人はこう思いがちである。しかしこれこそ想起体験についての根本的な誤解であると私には思われる。それは成心なしにそのような想起体験を想起してみればすぐ気づくことである。昨年の旅行で見た海の青さが今眼に見えていようか。汽笛の音が耳に響いていようか。運悪く起きた歯の痛みが今また奥歯に起きていようか。そんなことは全くないだろう。もちろん、海の色や汽笛や歯の痛みのことはよく憶えており、今それらをまざまざと想い出している。しかし、まざまざと想い出すということはそれらを再び知覚するということではないのである。想起とは過去の知覚を繰り返すことではない。再現すること、再生することではない。たとえ薄められ弱められた形であるにせよ、想起は弱毒化された知覚ではないのである（ヒュームは誤ってそう考えていた）。想起とは知覚と全く別種の経験の様式なのである。日ぼしにされ貯蔵されたスルメ様の知覚ではなく、喉元にこみあげてくる知覚のおくびでもない。想起とは知覚の想起であって知覚の再生ではない。海の青さを眼前に知覚することもできるが、それを灰色の都会の真中で想起することもできる。つまり、想起とは海の青さにかかわる今一つの経験の仕方として知覚と並ぶのである。一般的に言えば、一つの経験にかかわる様式には二つあって、その一つが知覚と行動の様式、今一つが想起なのである。あるいは、二つの経験の様式があるといってもよいであろう。いうまでもなく、知覚と行動の様式は前節で述べた「今最中」の経験として今現在の経験である。それに対して想起の様式での経験は「過去」の経験なのである。そしてこの過去の経験として想起される経験は「かつて」の知覚・行動の現在経験に他ならない。この意味では「かつての現在経験」が再び経験されるのが過去経験だといえる。ただそれがかつての知覚・行動経験の再度の繰り返しだとするのが右に述べた誤解なのである。

こうして過去経験の「過去性」、その経験が「過去のものであること」は、それが「想起経験である」ことの中にある。しかし「過去」の意味には「現在より以前である」という時間順序の比較が含まれているはずであり、したがって「現在以前」という比較が「想起」の中に含まれていなければならないはずであるが、果してそうであろうか。想起されるということこそその経験の過去性の意味である、とする今述べた見解にとっては、では「現在以前」ということが想起体験に内在しているか、というこの問いは試金石として決定的《クルーシャル》な問いである。

それに肯定的に答えることができると私には思われる。そのための参照として知覚体験、そして特に視覚体験についての一つの観察から始めたい。何が見えていようと見えている物は必ず「離れて見える」という事実に注意したい。何かが距離ゼロの所に見える、ということは決してない。どんな場合にでも見えている物の手前には前景空間がある、つまり、現に何かの前景が事実見えているかあるいは何かの前景が見える余地がある、ということである。これを「離隔《りかく》の事実」と呼んでおく。視覚体験におけるこの空間的な離隔の事実に対応して、想起体験には時間的な離隔の事実がある、これが私の指摘したいことなのである。想起された経験、例えば先刻の昼食と、それを想起している現在只今との間には必ず何ほどかの時間的間隔があって、それがゼロということはありもしないし想像することもできない。想起された経験の時間的手前には必ず何かの時間的前景となる経験があるか、ありうる、これが想起における離隔の事実である。この離隔がゼロだということは時間間隔がゼロだということであり、それは想起された経験とそれを想起している想起体験そのものが同時だということであり、例えば食事の知覚・運動を経験しつつしかもそれが想起である、という不可解なことになる（「既知体験（déjà vu体験）」という有名な体験がある）。つまり、離隔の事実に反した想起というものは考ええないのであり、それほど離隔の事実は想起経験に本来的にそなわっているのである。

この離隔の事実によって想起される経験は必然的にその想起体験自身よりは「以前」のものである。そして「想起される」経験であるという意味で「過去」である経験はまた必然的に想起経験自身よりも「以前」であるという意味での「過去」でもある。換言すれば「過去」とは「想起される」ことであるという見解はまた「現在より以前」という意味での比較「過去性」をそなえているのである。そしてこのことは「想起される」ことをもって「過去」とするこの見解の妥当性を強めるものだということができよう。さらに「想起過去説」とでも呼べるこの見解は、前節で述べた「知覚（行動現在）説」とでも呼べる見解と平行し、両者相まって、時間の様相（過去・現在・未来）は直接体験の中に求めるべきであって、物理的時間 t の上での相対的時間順序で安易に片づけてしまうべきではないという考えを指向するものである。t の上に一点を定めて「現在」だとし、それより右（または左）をその現在に対して「より以前（またはより以後）」だとして、それが「過去」の意味であるとする常識は本末転倒である。なぜならば、「現在性」「過去性」という時間様相が最初であり、この様相が「より以前」「より以後」という相対的時間順序の関係の中に入るのであって、時間順序によって時間様相が定義されるのではないからである。

このように、想起過去説は想起過去はまた現在以前、という意味での過去でもある、という重要な関係を内含《インプライ》するが、さらに今一つの重要な事実をも内含している。すなわち、想起される過去にあっては想起の誤りということがありえないということ、いわば想起無謬論を内含しているのである。だが、過去はかくかくであったということの中に一切誤謬というものがありえない、というのはいかにも納得しにくいことであり常識に真向から衝突することである。それでこのことを説明するために一つの迂路をとろう。つまり、この一見途方もない想起無謬論が夢見の経験においては比較的たやすく納得されることを示し、それを足掛かりにして覚醒時想起の場合にも夢の場合と同様に成り立つことを見ようというのである。

例えば、私が昨夜の夢を想起し、その中で高いビルから鳥のように飛び降りたと想起する。このとき、いやそれは間違いだ、飛び降りなどではなくただ墜落したというのが本当だと言ってみよう。しかし以上で述べた想起過去説を前提とする限りは、「墜落した」ということは

「墜落したと想起する」ということに他ならない。ところが私は飛び降りたと想起しているのだから墜落したと想起することはありえない。したがって「墜落した」ということもありえない。それゆえ誤っているのはこの夢想起批判の方であって夢想起の方ではない。だから夢はまさに想起される通りの夢でしかありえず、その想起が誤るということはありえない。この夢の場合の想起無謬論は一見無理な屁理屈のように見えるだろうが、常識を離れて夢見のことを考えれば見かけよりはずっと素直な観察であることが解ると思う。夢はみたがそのことを憶えていない（想起できない）、ということは日常日本語では意味をなさない（恐らく他の言語でも同様であろう）。同様に、夢をみたのを想い出すが実は夢をみなかった、というのは、青い空が見えているが実は見えていないのだ、というのと同じで意味不明の言葉である。

　夢を想い出すとは、一度みた夢を今一度ハイスピードで見直すことではない。それは一般に想起とは知覚の再生や再現でないのと同様に夢のビデオではないのである。むしろ事は逆で、夢を想い出すというそのことの中に「夢をみた」という過去形の夢見の意味がすべて含まれているのである。夢を想い出す、ということ、その想起体験こそ実は過去形の「夢をみた」という経験に他ならない。「……が見える」という視覚体験が「……が見える」経験であるのと平行に、夢の想起体験が「夢をみた」という経験なのである。一旦まず夢をみる、そして後刻それを想い出す、というのではなく、夢を想い出すこと、それが夢をみた、ということなのである。私たちは「夢をみる」という現在形の体験を持つことはない、ただ、夢の想起という形で「夢をみた」という体験があるだけなのである。多くの人は、いや自分には現在形の夢見の経験が多々あるというに違いない。しかしその経験の一事例でも思い浮かべてみるならば、たちどころにそれは夢見ではなくして夢をみたという経験、これは夢だと呟いたことの経験であることに気づくだろう。

こうして夢見の経験とはただ「夢をみた」という過去形の経験としてあり、しかもそれはその夢の想起経験としてのみ経験される。このことから夢の想起には誤謬がありえないという不可謬性が生じる。なぜならばここでは誤謬ということの意味がありえないからである。もし夢の想起が夢の再生であるならば、その再生が正しいとか誤りだとかということがある。原型の夢と照合して正誤ということがありうる。しかし夢の想起とは実はそのような再生などではないのだから、ここには正誤を判定すべき原型がないのである。原型がないところに、原型と違うという意味での誤謬は当然ありえない。実際、Sという夢をみたと想起する、しかし実際にみた夢はSではなかった、こういう事態を想像できる人がいようか（ここでSは過去形で述べられた一つの夢物語を表わす）。それは、今四本足の白い犬が見えているが実は三本足の黒犬が見えているのだ、というような事態を想像するのと同様に不可能事である。ありえない事態を想像することはできない、という意味で不可能なのである。

以上夢についてのべたことは覚醒時の経験についてもまた同様にあてはまるのではないかと思われる。

まず、想起とは過去の知覚・行動経験が知覚的に再生されたり再現したりすることではない。このことは度々繰り返したところである。事実、痛みの想起は幸いに少しも痛くはないし美味の想起は残念ながら何の味もしない。また、泳ぎや角力の想起に際して手足の動きの知覚は一切ない。想起は知覚・行動の再生経験ではなくして過去形の知覚・行動の経験なのである。痛かった、おいしかった経験、海で泳いだ、浜辺で角力をとった経験なのである。

ここで、過去形の経験、という言い方が危険であることはよく承知している。通常の言い方考え方に従うならば、過去の経験を想起する、というべきであろう。しかし、考えてみよう。半年前に海で泳ぐ、それは「泳ぐ経験」を半年前に持ったということであり、その意味でその「泳ぐ経験」は過去の経験である。そしてその過去の経験を今想起する。だがこの今想起されている過去の経験とはすなわち「泳いだ経験」ではないか。つまり、過去形の経験ではないか。すなわち少なくとも想起体験にあっては、過去の経験と過去形の経験とは同義同一のものなのである（だから日常言語でも例えば「私は……した経験がある」というような両者の混交が自然に生じるのである）。しかし私はここで後者の過去形の経験という言い方を強調したい。それによって、現在形の経験との同格的並列性が鮮やかになって、想起が現在形経験の再生であるという抜き難い先入主をいくらかでも弱めうるからである。

一方このことによってまた意味論的事態が明瞭になる。というのは、過去形の意味についての事態である。動詞の過去形が意味する過去性とでもいうべきものをどう理解すべきかという困惑がある。「犬が走る」情景は易々想像できるが、「犬が走った」情景を想像したり、絵に描くことはできないだろう。そんな知覚はないからである。それに対して、現在性の意味が知覚・行動経験の中に埋めこまれているように、過去性の意味は想起体験で想起される過去形の経験の中にすべて埋めこまれている、と答えられる。「犬が走った」ことは絵に描けないが、想起の中でその中の意味を十分理解している。簡単にいえば、想起される過去形経験が持っている「すんでしまった」「終了した」という性格の中に過去形の意味を求めることができるだろう（いうまでもなくこの「終了した」という性格が現在経験の「今……最中」（二節）に対応する）。そして前に示したように、この過去性の意味の中に「今より以前」という比較時刻的過去性の意味もまた内蔵されているのであり、したがって過去性の意味をこの比較時刻的過去性から探求しようとするのは道の順逆を取り違えた試みなのである。

さて、想起された過去形の経験についての真理性についても夢の場合と同様にすべては「想起された通り」といえるだろうか。私はいえると考える。なぜならば、真偽判定の基準となるべきものは想起以外にはない、という事情は夢の場合も変わりないからである。夢を含めて過去形の経験のすべては「想起される」ということの中に与えられている。それは知覚風景のすべてが知覚・行動経験の中に与えられているのと同様である。知覚・行動風景の場合例えば、「今机が見えているが、音が聞こえているが誤りかもしれない」「今歩いているけれど本当は歩いていないのかもしれない」などということは意味をなさない。机が見え音が聞こえていないのにもかかわらず机が見え音が聞こえる、というような事態はありうべからざることだからである。

しかし、昨日海で泳いだと想起するが実はそれは誤りでプールで泳いだのだ、ということはありふれた記憶違いで十分にありうることである。それがむしろ常識であろう。だがこの常識こそ誤っているのではないかと私には思われる。というのはこの常識での「実はプールで泳いだ」という過去形の経験は右に述べたように想起経験の中でのみ意味を持ちうるものである。ということは、「実はプールで泳いだ」ということは「プールで泳いだと想起する」ということを前提にしてはじめて意味を持ちうるので、その前提がなければ無意味なチンプンカンプンなのである。ところが今仮定している状況では「海で泳いだ」と想起しているのだから、それと異なる想起はしていない。ましてやそれと相反する「プールで泳いだ」などという想起はしていない。つまり、「プールで泳いだ」ということを有意味にする「プールで泳いだ」という想起という前提は、この状況ではありえないのである。したがって、「実はプールで泳いだ」などということを有意味に想起することはできない。だからそのような想起は易々としてできるとする常識、記憶違いはありふれたものだという常識の方が誤っているのである。念のためこの議論を簡潔に要約すると次のようになる。

(イ) 自分の知覚・行動経験の想起とはその知覚・行動を過去形にした経験に他ならない（過去形経験のテーゼと呼んでおく）。

(ロ) だとすると、一つの想起の内容と矛盾する内容を想定することはその矛盾内容の想起を想定することを前提とする。

(ハ) だがもともとの想起があるという状況設定の下ではそのような前提は不可能である。

(ニ) 以上のことから、想起内容が誤っている、という想定は不可能である（想起無謬論）。

こうして自分自身の知覚と行動の今現在の経験において知覚違いや行動の取り違え（例えば、今歩いていると思っているが実はそうではない）がありえないことに平行して過去（形）経験においても想起無謬がいえるのである。簡単にまとめていえば、自分自身の経験である限りにおいては現在形過去形を問わず、経験されるがままであって誤りはありえないということなのである。

しかし、何といおうとも記憶違いは誰しものありふれた経験ではないか。しかしそのありふれた記憶違いの状況を反省してみれば、右に述べてきたように、想起内容Aに対して「実際にはB（≠A）であった」という想定がなされているのに気づくだろう。そしてそのとき上述の過去形経験のテーゼが無視されてそのBの想定が想起と無関係独立になされているのに気づくだろう。知覚の場合にもわれわれはともすれば知覚とは全く独立な世界を想定し、それによって知覚された風景の正誤を判定するという考えに引きずられるが、想起の場合にも想起と全く独立な過去経験という実は無意味なものを想定し、今度はその過去経験に照して想起の正誤を判定するという考えに誘われてしまうのである。この誘惑に抗するには何よりも上述の過去形経験のテーゼに立ち戻って想起の誤りの想定を反復検査してみることが必要である。

しかし一方たしかにもっと簡素な記憶違いのケースがある。海で泳いだと想起していたが実はそうではなかったと自分で気づく場合がある。それは想起と他の何かとの食違いではなく想起相互の間の食違いの場合である。一度目の想起が二度目三度目の想起と食違って訂正をうける場合である。この意味での記憶違いなら確かにありふれている。この場合は想起以外の種々な証拠——メモ等の物的痕跡、他人の証言、等——によって正誤の判定が総合的になされる。上述の想起無謬論はこういう場合の記憶違いをも否定するものではなく、ただ想起正誤の基礎となるような想起と独立な過去経験というものを否認するのである。したがってそれは過去形経験のテーゼの裏表現ともいうべきものである。このことはさらに「言語的制作《ポイエーシス》としての夢と過去」の章で検討する。

以上でまず夢の場合から出発して覚醒時の場合に進んだが、ここで夢の場合に戻ってみよう。夢の場合には過去形経験のテーゼが一番透明に見えるだろう。夢の中で「崖から落ちた」ということはそのように想起すること以外の何ものでもない。崖から落ちる夢見の経験がまずあって目醒めてからその経験を再現したり繰り返したりすることではない。その夢を想起するまではその夢はまだなかったのであり、その夢の想起によって夢見があったことになるのである。崖から落ちたという過去形の夢経験のすべてはその想起の中にある。言いすぎを恐れず敢えて言えば、夢をみる、という現在形経験は存在せず、あるのは夢をみたという過去経験であり、夢の想起こそその過去形経験、夢をみた、崖から落ちたという過去形経験に他ならない。つまり、夢の想起こそ夢をみた、夢の中でかくかくであった、という過去形の事態を経験することなのである。夢は床の中でみるものではなく醒めてのちにみたものなのである。だからこそ夢の場合には想起が無謬であることは当然のことである。想起の外での夢見ということは不可能だからである。夢の中で崖から落ちたと想起する。それが夢で崖から落ちたということなのだからそれ以外にはありえない。つべこべいうな、これでおしまい、ということなのである。覚醒時過去形経験もまたこの点では夢の場合と同じなのである。ただここでは想起から独立な過去経験という不当な想定の誘惑をあくまで拒否する必要がある。

四　過去と言語

想起とは過去の知覚・行動経験が残留して後に再生、再現するものではない、このことは度々繰り返したところである。過去の経験は今既に過ぎ去り消え失せて跡形もない。遺失物や遺留品が残るとしてもそれはその経験の小道具や傷跡のようなものにすぎない。過ぎ去った経験を今再び甦らせようとするならばそれを今また繰り返す他はあるまい。しかし想起が知覚・行動経験の時はずれの再演でなどはないことは確かである。想起は想起であって知覚まがいや擬似知覚ではない。海の色の青さを知覚する、だがそれが青かったことを知覚できるわけはない。鳥が飛んでいる、犬が吠えているのを見たり聞いたりするが、鳥が飛んだ、犬が吠えたのを見たり聞いたりはできはしない。それら過去形を経験するのが想起であって、それは知覚とは全く別種の経験なのである。しかしそれにもかかわらず想起には知覚に匹敵するだけの識別力がそなわっている。想起された色調や音色や味に頼って眼前に並べられた色や音や味のサンプルから同一のものを選ぶことができる。画家ならば過去に見た絵を想起から画くことができ、音楽家ならば過去に聞いた曲をピアノで弾くこともできることもあるだろう。しかし想起の大部分は感覚的であるよりは言語的なのである。想起された御馳走の味は口の中や舌の上に余韻のように残っているのではなく「とてもおいしかった」と想い出されるし、「ひどく痛かった」経験の想起には何の痛みもないし痛みの影も残っていない。想起は概して文章的であり物語的なのである。

これらの想起された文章や物語は想起された経験の描写や叙述ではない。その文章や物語、それが想起された当のものなのであって、想起された経験の言語的表現ではないのである。その点で想起は記録や報告にではなく詩作に似ている。歌や俳句を作るとは、まず何か詩想とでもいうべき言語以前のものがあってその詩想の言語的表現を探索するのではなくて、歌や句の言葉自体を作ることだろう。それと同様、何か言語以前の過去経験を想起し、ついでその想起されている経験の言語表現をするというのではなくて、過去形の文章または物語それ自身が想起される当のものなのである。ある場合には想起とはそのような文章や物語の制作であり、その点でさらに作歌や発句に似ているといえる。想起することが一つの努力を要する作業であるのもそのゆえである。かりに言語以前の過去経験があるとしてもそれは形を持たない模糊とした不定形《アモルファス》な経験である。それは確定され確認された形を持たない未発の経験でしかあるまい。それが確定された形を備えた過去形の経験になるためには言葉に成ることが必要なのである。そして言葉に成り過去形の経験に成ること、それが想起なのである。逆にいえば、想起される、言語的に想起される、ということによって過去形の経験が成るのであり制作されるのである。

経験が制作される、というのはいかにも奇妙に響くだろう。確かに、知覚や行動の経験が制作されるなどということはナンセンスである。しかし、過去形の経験は想起されることがなければ全くの「無」なのである。その無は忘却の空白として誰にも親しいものである。その空白から想い出そうと様々な言葉を探し、選び、試みる。ああではなかった、こうでもなかった、と何度かしくじった後で遂に一つの文章や物語が想い出される。こうして過去形の言葉が作り上げられること、それが過去形の経験が制作されることなのであり、それが「過去を想い出す」といわれることなのである。この制作過程の中である言葉を諾としたり拒否したりするのは、その言葉を言語以前の過去経験と照合して適否を判定することではない。つまり、言語表現としての適切さの問題ではないのである。そうではなくして真誤の判定なのである。私はその言葉通り過去形の経験をしたか否か、そう問われながら過去形が制作されてゆく、それが過去経験が言葉に成ってゆく過程であり、過去形の経験が想起されてゆく過程なのである。そしてその過程は同時に過去形の経験が言葉によって確認され確定されてゆく過程、つまり言葉に成る過程、かくて過去形の経験が制作され形成されてゆく過程なのである。ある知覚・行動の経験、例えば海水浴の経験は今最中の経験であり、そこには太陽や海や五体の動きはあるが、多くは言葉はない。海水浴は作歌ではないからである。この海水浴を想起するとは、この知覚・行動経験が今一度繰り返されたりその薄められた模造経験をすることではない。海水浴をしたという過去形の経験をすることである。太陽や海や日焼けはそこにはない。それらは過ぎ去り消え去っている。だが、太陽は輝いていた、高波が泡を立て、寄せていた、クロールで泳いだ、という過去形の言葉で物語られる。知覚・行動経験であった海水浴は今最中の知覚と行動として再現するのではなくて、かくかくの知覚であり行動であったとして想起される。そしてそれがその海水浴が「過去の経験」であるということのすべてであって、単にその海水浴が時間軸上を移動したということが「過去である」ことではない。t 軸上の位置は単に経験の以前以後の順序配列を表示しただけのものであって、今最中の現在や過去形の意味に何ら触れるところがない。

存在とは知覚なりと極言したバークリィならばここで過去とは想起なりと言うだろう。またそう言わないではすまないのではあるまいか。

観測者は邪魔者？

特殊相対論がわれわれ一般読者に対して解説されるときにほぼきまって言及される事例がある。それは恐らくアインシュタイン自身から始まったもので、われわれの常識での同時性の概念が思ったほど確固たるものではなく改変する余地があることを説得して相対論の受容を準備させるためのものである。しかし、実はこの事例の方に欠陥があり、われわれを導びくよりはむしろ迷わせるのではないかと思われるふしがある。この私の懸念を以下に述べて、今後の検討の発端にでもなれば幸いである。

その事例というのは、多くの人がどこかで目にされたと思うが、概略次のようなものである。図1でプラットフォームに対して速度Vで電車が走っている。その電車の両端A、Bから同時に光が中央部に向けて発射される。この二つの光は電車の中央点Mに居る観測者に同時に到

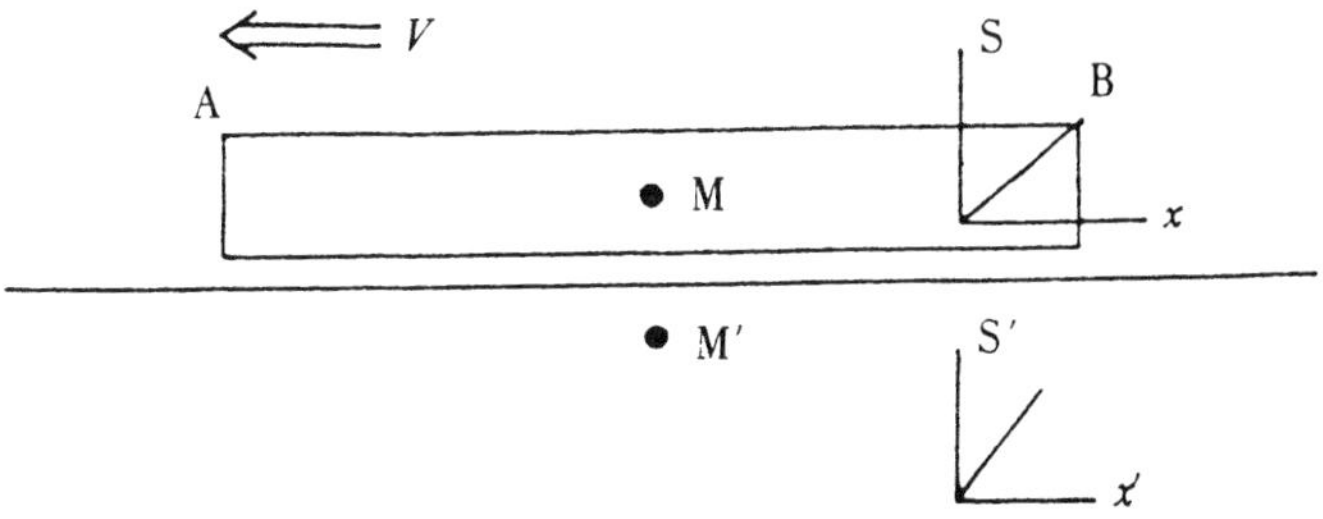

図１

達する。しかし、プラットフォームの、Mと同一場所M′に立つ観測者にはこの二つの光は同時に到達しない。

これと大同小異の述べ方があるが、その標準形としてこの事例に即して考えることにしよう。

さてこの事例を読んで困るのは、この事例が一体何を言おうとしているのかピンとこないことである。それでこの事例の意図をいろいろ忖度することになる。

まずこの事例は「同時性」について何かを言いたいのだと取ってまず大丈夫だろう。そこでこの事例の中に「同時」またはその否定がいわれている所を探すと幾つかある。

（i）電車の両端A、Bからの光の発射が同時

（ii）その二つの光が電車内の中央点Mの観測者に到達するのが同時

（iii）しかしプラットフォーム上のM′にいる観測者に到達するのは同時でない

しかし、決定的に重要な点がこの（i）に内在している。

それは電車の両端A、Bでの発光という二つの事件の同時性である。この二事件が電車に固着した座標系Sで同時であることは前提されている。だがこの二事件はプラットフォームに固着した座標系S′でも同時であるかどうかは未定の問題なのである。それが特殊相対論ではどうなっているかをローレンツ変換を使って確かめてみよう。参照の便のためにローレンツ変換を書いておこう。

$$x' = \frac{x - vt}{\sqrt{1-(v/c)^2}} \qquad t' = \frac{t - \frac{v^2}{c^2}x}{\sqrt{1-(v/c)^2}}$$

いうまでもなく、cは光速度、vは慣性系SとS′の相対速度であって、その方向はx軸及びx'軸の増大方向である。さて、電車のS座標系でのA、B両端の発光事件の座標はAを座標原点、$\overline{AM} = l$とすると、発光の時刻をt_0として（0, t_0）、（$2l$, t_0）であるからこれをローレンツ変換すればS′系での座標が得られる。すなわち、

$$\left(\frac{-vt_0}{\sqrt{1-(v/c)^2}}, \quad \frac{t_0}{\sqrt{1-\left(\frac{v}{c}\right)^2}} \right)$$

$$\left(\frac{2l-vt_0}{\sqrt{1-(v/c)^2}},\ \frac{t_0-\left(\frac{v_2}{c}\right)\cdot 2l}{\sqrt{1-(v/c)^2}}\right)$$

である。

一見してわかるように、この二事件のS′系での時間座標は等しくない。それはローレンツ変換の時間t'の変換式の分子に$(v/c)^2x$という空間座標xを含む項があるためである。そのために、S系で同時、すなわちtが等しくても位置のx成分が異なるとS′系では同時ではなくなるのである。だから一般的に、S系でxを異にする二つの事件はS系で同時であってもS′系では同時でない。これが、座標系によって同時性が変化する、といわれていることに他ならない。ここで注意してほしいのは、右の単純な座標変換の計算のどこにも「観測者」などの登場がない、ということである。

ところが通例この電車の事例は観測者を登場させて説明するための舞台装置であるかのように使われる。「観測者」は電車の中央、そしてそれと同座標のプラットフォーム上に登場する。

そうして電車の両端での発光からの光は電車中央の観測者に同時に到着する。それによって観測者はその発光が同時であったと判定する。だが彼と同座標にいるプラットフォームの観測者にはその光は同時に到着しない。電車の両端A、Bは速度vでその観測者のそばを走っている。だからAからの光は彼に対して相対速度$c+v$で、Bからは相対速度$c-v$で向ってくる。だからAからの光がBからの光よりもいくらか早目に観測者に到着する。つまり、二つの光の到着は同時ではない。それによってこの観測者は二つの発光は同時ではないと判定する。

この標準的な解説は全く非相対論的な古典物理学の枠組を持っていることに気づかない人はいないだろう。それは何よりもS′系での光の速度を$c+v$、$c-v$にしたところにあらわれている。これは古典的なガリレイ変換による速度合成に根ざしたものであり、わざわざ計算してみるまでもなく、光速cがどの座標系でも一定であるという特殊相対論の核心的な事実に矛盾していることは誰の目にも一目瞭然であろう。ということはこの標準的な相対論解説が全く的を外して、非Aによって Aを解説するというおよそ考えられない方策をとっている、ということである。

慎重怜悧な物理学者としては不似合なこの失策の原因は「観測者」の導入にあるのではないかと私には思われる。物理学者の普段の思考には不慣れな認識論的考慮がついその足をもつれさせたのではあるまいか。

二つの事件の時間的先後や同時をそこからの信号を観測した時刻によって判定するのはまっ

たくありふれた手馴れた作業であって、どこにもおかしい所はない。

しかし、この操作が物理的事件の生起の時刻を定義する、というならばこれは明らかに誤りだろう。

例えば電車のA端とB端での発光が同時であるかないかということの意味はそれらからの信号が観測された時刻が同時であるかないかということだ、というならば誤りである。

物理現象が生起する時刻、ということの意味には観測者または観測という概念は入っていないし、また入ってはならない。この観測とは独立な生起時刻の意味によって、信号の出発時刻や観測者への到着時刻という物理現象の時刻の意味も与えられるのである。その結果として信号の到達時刻と元の現象の生起時刻との関係が与えられ、信号到達時刻から現象生起時刻を逆算することが可能になるのである。このことは物理学の基盤である日常的常識のいわば基本公理であって、古典論と相対論の区別に関わりなく成り立っている。そのことを念のために相対論で見てみよう。

電車の両端A、Bでの発光がそれぞれ電車の中央点Mに到着するという二つの事件の電車系Sでの座標は簡単に、

$$\left(l,\ t_0+\frac{l}{c}\right) \quad と \quad \left(l,\ t_0+\frac{l}{c}\right)$$

である。この二つの座標の時間座標は共に、

$$t_0+\frac{l}{c}$$

で等しい。だからこの二事件は同時である。更にx座標も等しいからこの二事件は同一場所で同時である。したがって、これからローレンツ変換を計算してみるまでもなくこの二事件はS′系でも同時同場所である。だがこのことから二つの発光事件が同時であると判定するならば大間違いになる。事実、右に述べた通りこの二つの事件はS′系では同時ではない。

　このことが示すように、必要もないのに観測者の登場を求めてそこに誤解された操作主義を持ち込むことは間違いの元になる。

　この邪魔になるだけの観測者を追い出すことで上述の見当違いの間違いがとりのぞかれるだけでなく、相対論の中に含まれていたにもかかわらずこれまで見のがされていた風物が見えてくるようになる。今度はそうして見えてくる新しい風景について述べることにしよう。

　同時性の概念から邪魔になる観測者を追放するとき今までかくされていたその核心が見えてくる。その核心とは。

　同時性の概念には単に時間的契機だけではなく空間的契機が死活的な関わりをもっている、ということである。なぜならば、右のローレンツ変換で注意したようにS′系で同時であるため

にはS系で時間座標tだけでなく空間座標xも等しくなくてはならないからである。つまり、S系で時刻と場所の両方が等しい二事件のみがS′系でも同時なのである。

それゆえ相対論で問題となる同時性はより明確にいうならば、異なる（空間的）場所で同時に生起した二事件が運動座標系S′でも同時であるかどうかという同時性なのである。

この意味での同時性、すなわち、

（α）　異なる場所での同時性

に対しては当然その中の時間と空間の役割を交換してえられる双対型（dual form）、

（β）　異なる時刻での同一場所

が一体どんな解釈を受けるかが問題となる。

しかしこれまで（β）がこの形で問題とされることはまずなかった。アインシュタイン自身もこれに触れたことはなかったと思う。しかし実は（β）と同じ意味を持つ概念が古くから承知されていた。それは誰にも親しい「運動の相対性」という概念である。ある物体が在る場所が動いているかいないかは座標系に相対的である、これが運動の相対性である。だが場所が動くか動かないかとは、始めの時刻の場所と終りの時刻の場所が同一場所であるか否か、ということであり、これはすなわち（β）の意味する、異時刻での同一場所の問題に他ならない。

異時刻での場所同一の問題は歴史上の遺跡に関して最も鮮明に現われる。例えば、戦艦大和の沈没場所は今どこか、川中島の謙信切込みの信玄本陣の位置は今どこか、山本長官戦死の場所はどこか？ これらの歴史的事件が起きてから現在まで地球の自転公転によってその位置は太陽系座標の中で複雑な運動をしたはずである。更に宇宙の始まりといわれる big bang の起きた位置を問うのは無意味であるとしても、その無意味である理由は決して明確ではない。

簡明で代表的事例として、昨日（昨年、何年前）の富士山頂と今日の富士山頂は同一場所か否か。それを定めるアプリオリな定義はないだろう。それでこういう場合にとるべき方策はただ一つしかない。それはわれわれが日常生活で現に採用している意味を改めて述べることである。われわれは日常生活で昨日と今日の富士山頂を同一場所であるとしている。どうしてと自問自答するならば、「富士山は動かないからさ」と同語反復的に答えるだろう。

つまり、日常生活では地球大地座標に対して動かない——同一座標を持つ——ことをもって同一場所の定義としている。しかし、この定義による同一場所、したがって不動の場所は大地に対して動く座標系、例えば太陽座標系や銀河座標系にあっては異なる場所であり、あるいは動く場所である。互いに動く二つの座標系のどちらに対しても不動な場所は元来ありえない。なぜなら、座標系Xに対して動かない点Pが今一つの座標系Yに対しても動かないとするとXとYが互いに動く座標系であることと矛盾するからである。

こうして問題の、異なる時刻における場所の同一性の意味は地球という持続物体における同一物質点ということで与えられる。地球座標に固着する同一物質点の異なる時刻での位置のみが同一位置といえる、ということである。もちろん地球に対して運動する座標系、例えば太陽座標系ではその同一物質点は複雑な動きをしていて不動どころではない。

他の無数に可能な物的座標系をさしおいて地球座標系の物質点を同一場所の基準としたのは人間の生活慣習からだけであって、他には何の理由もない。それに対して異なる場所での同時性の意味が座標系によって変動することが日常生活の中ではそれと気づかれるものではなかったからこそ、相対論という物理理論が事新たに定義を与えることができたのである。逆に言えば物理理論が定義を与えるだけの隙間があいていたのである。その故にローレンツ変換によって与えられた時空概念は常人にとっては奇異なものである。しかしその奇異な点を更に物理学者が誇張して鬼面人を驚かせる奇怪さに仕立てあげたきらいがあるようにも思われる。例えば「動いている棒の短縮」と言いならわされているものがそれである。棒に対して静止している座標系Sでの棒の両端の座標を（x_1, t）および（x_2, t）としよう。この棒の長さは$L = x_2 - x_1$であろう。

ここで棒の長さとはその両端の空間座標を同時に測定することだ、という注釈がつくのが普通だが、これも例の観測者導入の影響だと思われる。その観測者を排除して、任意の時刻tの棒の長さは世界点（x_1, t）と（x_2, t）との空間座標の差であると言うべきではなかろうか。すべてのtに対して$L = x_2 - x_1$なのである。

さてS並びに棒に対して速度vで動く座標系S′における棒の両端の世界点座標はローレンツ変換から、

$$x_1' = \frac{x_1 - vt}{\sqrt{1-(v/c)^2}}, \quad t_1' = \frac{t - \frac{v}{c^2}x_1}{\sqrt{1-(v/c)^2}}$$

$$x_2' = \frac{x_2 - vt}{\sqrt{1-(v/c)^2}}, \quad t_2' = \frac{t - \frac{v}{c^2}x_2}{\sqrt{1-(v/c)^2}}$$

である。空間座標の差$x_2' - x_1'$をL'とすれば

$$L' = \frac{x_2 - x_1}{\sqrt{1-(v/c)^2}} = \frac{L}{\sqrt{1-(v/c)^2}}$$

となる。

これらのことから棒の長さLの短縮という言い方が事もなくでてくるようには思えない。

まず、見られる通り$t_1' \neq t_2'$であり、S′系での棒の両端の時間座標は等しくない。それゆえ$L' = x_2' - x_1'$をLの場合のようにS′系での棒の長さだというのは疑問である。またこれは

私の単純な計算違いであろうが$L'>L$なのだから、仮にL'をS′系での棒の長さだといえたにしても棒の長さは短縮するのではなく伸長するのではあるまいか。いずれにせよ簡単に棒の短縮などと言うことは危険なように思われる。いわゆる「時間の遅れ」についても同様の疑念がある。S系での二つの世界点(x_1, t)と(x_2, t)のローレンツ変換によって、

$$\Delta t' = t_2' - t_1' = \frac{t_2 - t_1 - \frac{v}{c^2}(x_2 - x_1)}{\sqrt{1-(v/c)^2}} = \frac{\Delta t - \frac{v}{c^2}L}{\sqrt{1-(v/c)^2}}$$

この式で$L=0$とおくことは$x_1=x_2$、即ちS系で静止していること、S系で同一場所で生起する二つの事件、例えば時計の針の位置を考えることであろう。その場合には、

$$\Delta t' = \frac{\Delta t}{\sqrt{1-(v/c)^2}}$$

となり、当然　$\Delta t' > \Delta t$　である。しかしこれを物理学者のように無邪気に「時間の遅れ」というように解釈できるだろうか。ここには多くの問題が互いに絡みあって伏在しているが、その中から最も基本的な問題である時間座標を取り出して考えてみる。古典物理学では常識に従っ

て時間座標と空間座標とは互いに分離独立であると考えられてきた。しかし以上であげたローレンツ変換では座標変換に限ってであるにせよ、この時空の分離独立性が破られている。空間座標の座標変換には時間座標が介入し、時間座標の変換にも空間座標が介入する。このことをまた無邪気に時空融合などという物理学者もいるが、それは白髪三千丈式の誇張だとしても、常識が長年親しんできた時空の分離独立性を危うくするものであることは確かである。この問題を立入って解明する余裕はないので、そのほんの一端に触れるにとどめておく。

相対論でも古典論でも座標といえばまず三次元直交の空間座標を設定し、それとは全く独立に時間座標が付け加えられるのがきまりである。ここでその時間座標は空間座標とは一切無関係独立に採用できるものと考えられている。これが時空分離独立性に他ならない。しかし、古典力学において既に時間座標の採用は全く任意であるとはいえないのではなかろうか。少なくともある時間座標、例えば太陽の日周運動、あるいは振子時計の「正しさ」が云々され補正されている。それらの基準とされている原子時計が正しいとしても、その正しさの根拠は何であろうか。時間座標の正しさとは「運動方程式が成り立つこと」であるように思われる。原子時計にせよクロノメーターにせよ、それを時間座標の読みとして使って無数の運動を記述するとき、そのすべての運動がニュートン運動方程式に従うとき、またそのときのみ、その時間座標は正しいのであり、もし補正をするならば運動方程式が成り立つように補正をするのである。

振子運動は運動方程式によって正しい時間に正比例して振れるが故に近似的に正しい時間である。更に拡張して運動法則だけでなく物理法則一般を考慮に入れて、物理法則を成り立たせるような時間座標が正しい、と言うべきだろう。原子時計の正しさはこの物理法則を根拠にしての正しさであることは明らかであろう。

そしてこの物理法則の記述には当然既に採用した空間座標が使われていることは言うをまたない。空間座標を別のものにすれば物理法則もまた変わる。それによって正しい時間座標もまた変わるはずである。一言でいえば、時間座標の選択は空間座標に依存するのである。このことがまさに右に述べた時空分離独立性の破れに他ならない。

この時空依存の関係は相対論にあっても全く同様であるはずである。特殊相対論では空間座標として「慣性系」が採用されていることは誰もが承知している。それはその座標系では外力がない場合に物体は等速直線運動をするという意味、簡約すれば、慣性法則が成り立つ座標系であるという意味である。慣性法則が成り立つというこの要請によってある空間座標系が採用されれば、それに付加さるべき時間座標系の選択が規制されることになる。古典力学法則成立の要請によって時間座標の選択が規制されたのと同じである。

換言すれば、古典論であると相対論であるとを問わず、空間座標系とそれに付加さるべき時間座標系とは物理法則成立の要請によって束縛されている、あるいは、物理法則成立が時空座標選択の束縛条件である。相対性理論ではその要請が「慣性系」という言葉で表現されているのだと解釈したのである。物理法則の同型性を要請するアインシュタインの「相対性原理」がこのことに関係することは間違いないと思うが、その全貌を明らかにすることは私にはできない。

いずれにせよ、多くの教科書にあるように時間座標の導入が単に空間座標系の中に時計を持ち込むといったことですむはずはないであろう。時間と空間とは物理理論を介して深く絡み合っているのである。その見通しが難かしい深い絡み合いはしかし幸いに相対論ではローレンツ変換において明示的に表現されているのである。

しかしそれは時間と空間の深淵のような関係からすれば恐らくは氷山の一角にすぎないのであろう。その深みに入ってゆくことは今の段階ではできない。だがただ一つ確かだと思われることは、相対論の理解のためには観測者はかえって邪魔になるということである。むしろ観測者は相対論では粗大ゴミとか濡れ落葉のように除去すべき公害概念だと思われる。

だが物理学者の眼からすれば私の方が初等的な間違いを重ねているということになるのかもしれない。

大森氏の論文へのコメント（柳瀬睦男）

1　電車の例について：普通引用されている例では、光の発射、到着に関する解説には、誤りはない。

例えば、Edwin F. Taylor & John A. Wheeler : *Spacetime Physic.* W. H. Freeman & Co. 邦訳、曽我見郁夫／林浩一訳、現代数学社、一九八〇年、七一頁。なお、哲学者と物理学者の同じ例題についての興味ある議論としては、渡辺慧『時間』河出書房新社、一九七四年、二二一頁。「XI相対性理論とベルグソン」特に二六〇―二六四頁。一読を薦めたい。

2　二つの事件の同時性、先後を、信号の観測によって定義するのは、操作主義的な定義としてなら誤りとは言えない。ただし、言われる通り、観測者を除き、ローレンツ変換だけで議論は可能で、簡単となる。時計とか棒を使う必要もない。これもアインシュタイン以来の習慣のようである。

例えば、A. Einstein : *The Meaning of Relativity*. Princeton University Press, 1955, p.2－3, p. 16（この本の初版は一九二二年である)。

3 「動いている棒」と「時間の遅れ」については、座標系S、S′の名付け方、使い方に混同があり、誤解があるようである。物理学者一般の共通理解に誤りは見いだせない。

4 他の諸議論は、尤もであり、内容について、今まで問題はなかったし、今も特に問題があるとは思えない。

5 相対性理論における観測者の問題は、ローレンツ変換の active vs. passive interpretation ともかかわる、哲学的に興味ある議論があり、これらの点についてこそ、大森氏の意見を期待している。

＊

桝瀬睦男氏のコメントによれば、私が批判したようなことは物理学者の側では先刻御承知ということらしい。そうであれば御同慶の至りである。しかしそれでも私が提した疑問は私のような一般読者にとっては転ばぬ先の杖として多少の用はあるだろう。いささか遅きに失した恐れはあるが。

（大森）

刹那仮説とアキレス及び観測問題

一　問題のあらすじ

パラドックスと呼ばれる困難な課題も、遅かれ早かれそれを解くなり回避するなりする道が発見されるのが普通であるのに、異常に長い間解決を拒み続けてきたものがある。それはゼノンに帰せられるアキレスと亀のパラドックスである。かつてB・ラッセルが極限の概念を使えばいとも簡単に解けると考えたが、それは全くの早とちりで、このパラドックスの根は数学的地層をつき抜けて深く言語の中に埋まって今日尚びくともせずに立ちはだかっている。このことはイギリスのG・ライルが指摘し、最近我が国でこの問題を論じた藤沢令夫、雨宮民雄の両氏も認めるところである。

私もまた長い間この問題の逃げ道を暗中模索してきた一人だが、尋常一様な手段では何ともならないことを思い知らされただけであった。しかし、このアキレスと亀のパラドックスの困難の核心は運動の連続性にあるという結論に達した。運動の時間的連続性がある限りゼノンの論法を避けることはできない。しかし、運動の連続性を否定するというのは余りにグロテスクである。だが考えてみればゼノンの運動不可能の結論とて全くグロテスクである。そのグロテスク性こそこのパラドックスのパラドックスたる由縁であり、その今に至るまでの長命の支えに他ならない。

だとすればここに二つのグロテスクがあることになる。ゼノンの運動の不可能と運動の非連続と。それならば、一方のグロテスクを避けるために今一方のグロテスクを飲むという方法をとることにもほんの一分の理がないわけでもない。少なくともそれを実験的に試してみることにとやかく言うことはないだろう。そこで運動の非連続性をあからさまに内含している仏教思想の中の刹那滅の考えを取り上げてこれを仮説として設定してみることにする。世界は時間的に非連続で刹那刹那に生じた途端に消滅するというとんでもない仮説で、これを刹那仮説と呼ぶことにする。

確かにこの刹那仮説はアキレスに劣らずパラドキシカルである。しかし、現代科学は相対性理論や量子論といった常識にとっては今尚パラドキシカルなものを許容しているというよりそれらを基礎にしていることを考えれば、刹那仮説などは物の数ではないとも言えないだろうか。実際、運動の不可能性などという超一流のパラドックスに較べるならば、非連続な運動はとにかく考えうるものであり、その上若干の非連続運動は身辺に実在するのだから、刹那仮説はまことに庶民的なパラドックスである。

そのうえ、刹那仮説は量子論と甚だ相性のよい要素を持っていることが比較的容易に見てとれる。例えば原子や分子の軌道電子が異なるエネルギー準位に移る運動はまさに量子飛躍《クワンタムジャンプ》であって不連続運動そのものだと言えないか。物理学者はどう言うかは知らないが素人目には、量子論での運動変化の多くは非連続であるように思われる。

この非連続運動変化という点で刹那仮説は量子論に極めて近縁であるが、尚その上その近縁を更に強める事情がある。それは観測問題として知られる量子論解釈上の難所である。よく知られているように、ある物理系のある物理量を観測することによってその系の状態を表現する状態関数がその量の固有関数の一つにこれまた非連続的に移行する、いわゆる「波束の収縮」を起こすという理解に苦しむ現象である。日本の学者（並木、牧氏等）を含む多くの物理学者の努力にもかかわらず観測問題は未だにしぶとく立ちはだかっている。しかしもし刹那仮説をこの観測問題に適用するならば、この頑強な難所を消滅させることができるのではないかと思われる。なぜならば、ある物理量を観測できるのはその物理系がこの世界に出現している刹那においてである、と考えるのは自然であろう。その系が滅してこの世界に存在しない期間には観測などは土台問題にならないからである。そうであれば観測とは古典論通りにただ系のその出現刹那における物理量を観測するだけのことであって、それによる波束の収縮といった客観的変化が起こるなどと考える必要はない。観測の問題はあとかたなしに消失するのである。

この観測問題解消のやり方の一番疑わしい点は、それが余りに安直容易な解消だということにある。あれほど人を悩ませてきた問題がそんなに簡単に解けるはずがない。だからこの解決の仕方はどこかおかしい、と人は感じるだろうし、私もまたそう感じている。

しかし一体どうおかしいのかが明白にならない限りは、このどこかおかしい疑念を封印して、少しもおかしい所などないような顔をして刹那仮説を考察することも許されるだろう。特にそれは単に一つの仮定にすぎず、またその考察も一つの試行にすぎぬとすればである。

二 アキレスの運動

アキレスと亀のゼノンによるパラドックスの原形は、亀を追うアキレスは亀に追いつくにはまず先刻亀のいた地点に到達せねばならないがそこに到達したときには亀は既に若干前進をしているのだから、かくして亀は常にアキレスに先行していることとなる、つまりアキレスは亀に追いつくことはない、というものである。これを少し変形して、亀と全く同じ動きをする平面を考えてゼノンの話をこの平面の上に移してみよう。簡単に言えば、亀を座標原点とする座標系をとるのである。

すると亀は常にこの原点に静止しているのだからアキレスはこの原点に到達することはできない、ということになる。アキレスの出発点がこの座標系での座標軸上のA点だとすれば、アキレスであれ何であれAから原点Oに達することは不可能、つまりA→Oという運動は不可能、したがって一般に運動は不可能ということになる。A→Oの運動が不可能と言うために始めから亀を退場させて話を簡単にすることもできる。時に二分法と呼ばれる形の話である。AからOに行くにはまずAとOの中点Mを通らねばならない、だがAからMに行くには今度はAとMとの中点Nを通らねばならない、こうしていつまでもきりなく中点を通らなければならないからOに到達することはない。これがその二分法の形である。この形の方がこのパラドックスの論理的な核心を見てとりやすい。つまり、A→Oという運動は無限の中間点を通過し終えたことを意味する、しかし無限数の点を通過し終えるということは「無限」ということの意味に矛盾することではないか。だから時に誤解されるようにA→Oの運動に要する時間が無限になる、ということよりも遥かに根が深いのである。だからラッセルのしたように、$1/2^n$ の無限項和が有限になると言うことはこのパラドックスの核心からずっと上の方に的をはずすことになる。的は、無限の行程が完了した、終りない行程が終了した、という「無限」の意味についての矛盾なのである。

この矛盾を避けようとする試みは今の所すべて徒労に終ったように見える。そこでパラドックスに導く二分法の話の最も重要な部分はどこであるかを考えてみる。それは「AからOに行くにはその中点Mを通らねばならない」という部分であることは比較的簡単に見てとれるだろう。後はこの部分を無限回繰り返せばこの話の矛盾的結論に行きつけるからである。だが上述の決定的部分を避ける方法はあるだろうかと考えてみるが駄目であることに気づくにはそれほどの時間はかからない。しかし一歩さがって、この部分をこれほど難攻不落にしているのは何であろうかと問い直してみると、それは運動の連続性であることに気づくだろう。A→Oの運動を連続的であると想定する限りはその中点Mを通過せざるをえないことは必然的であってそこに毛ほどの隙もない。ゼノンの原形の話でも、アキレスが亀に追いつく運動が連続的である限りではその中間にある亀の先行点を通過することは必然的である。それゆえゼノンのパラドックスを支持する前提がもしあるとすればそれは運動の連続性の想定に他ならない、と結論できる。事実、運動が連続的でないとするならば、上の決定的部分はいとも簡単に崩壊してゼノンのパラドックスは消滅することは誰の目にも明白であろう。

こう見てくるならば、アキレスと亀のパラドックスでゼノンが意図したのは代々の哲学史が伝えてきたような「運動の不可能性」の証明ではなくて実は「連続的運動の不可能性」、換言すれば運動はすべて連続的であるという常識の思い込みの背理性であったのではあるまいか。なぜなら、運動が経験的に可能であることは余りに明々白々で、それを否定しようというのは私には狂気としか思えないし、一方運動はすべて連続的だという思い込みは少し反省してみるとそれほど確固不動としているわけではないからである。

実際、日常われわれが眼にする運動には連続的でないものが決して少なくない。人体の動きは多くジグザグであって連続的でない、少なくともジグザグの屈折点で不連続である。例えば野球のピッチャーの投球動作を考えていただきたい。まず腕を一挙に振り上げ数回間欠的に回転してから一挙に振りおろしてピタリと止める。数学的な連続曲線とはほど遠く、独立した一挙運動の直列の合成である。また何かの運動の開始点と終了点では運動は突如として始まり突如に終るのであって、それらを座標軸に接する曲線のように滑らかな連続だとするのはわれわれの側の思い込みであり強引な読み込みではないだろうか。

運動を連続的だとするのはわれわれの読み込みではないかと思わせる現象がある。心理学にある仮現運動（Scheinbewegung）の現象で、映画の原理とされることもある。暗室の正面の壁の上の適当に離れた二点A、Bにコルテの条件と言われる条件に適合する時間間隔をおいて次々に一瞬の発光をさせると、それを見ている被験者にはA↓Bの光の運動が知覚される、というものである。それによってスクリーンやブラウン管の上に間欠的に投影される映像によってわれわれは連続的な動きを知覚するのだと言われている。

だがこの仮現運動に似た一般普通の連続的運動も、実は不連続で間欠的な運動をわれわれが連続的であると知覚しているということも十分に可能であると思われる。そしてもしそうであるならば、そのような連続性の読み込みに注意をひいてそれから覚醒させることがゼノンの目的であったとも解釈できるだろう。

運動の連続性がわれわれの側の読み込みであることを確かめるには、運動の非連続を内含する前提を制作してその前提の意味するところを追求してみることが最善の方法であるだろう。そうすれば確固たる常識である運動の連続性を否定することの意味の細部と射程とが明らかになるだろうからである。

そのような前提としてたまたま仏教教説（倶舎論、大毘婆沙論等）にあると言われる利那生滅の考えと名前を拝借して利那仮説と称したのである。

その中味を簡単に言えば、世界は利那利那に出現してそれらの利那以外の時間には没し滅して無に帰する、ということである。これ以上精しく述べることはできないしまたその必要もない。例えば、一つの利那の持続期間は何ピコセカンドかとか、利那と利那との時間間隔は何分ほどかとかは問う必要はない。そういう細部は必要が生じたときに付け加えればよいので、それまでは棚上げにしておく方がよい。なぜなら運動の連続性を問題にする限りに必要な内容が望ましいからである。

さてこの利那仮説においては、空間的運動は対象の利那的出現の飛び飛びの系列になると考えるのが自然だろう。その各々の刹那的出現で対象はある位置を占めるが、その位置の連続的変化の時間微分としての速度を云々することはできない。その代りに位置とは独立な「運動量」を持つと考えることができる。こうして各刹那に位置と運動量とを持つ対象の系列がその対象の真の空間運動である。この刹那の系列としての運動をわれわれは仮現運動の場合と類似して連続運動として知覚すると考える。それは、空気振動を音として知覚し、電磁波動を色彩として知覚するのと同様である。それに応じて自分の身体運動も断続的であるが、それを連続的な筋肉骨格運動として運動感覚的に知覚すると考える必要があるだろう。

こういう刹那仮説と連続的な自然法則とに折り合いをつけるのはさして難かしいことではない。時間の連続関数としての様々な物理量の連続曲線を刹那に当たる時間切片で切り取った系列を残して他の部分を使用停止として無視すればよい。そうして取り上げた刹那系列が刹那仮説の下での自然法則の役を果たすことになるだろう。映画フィルムの各コマに映された映像の系列の中にも自然法則が成り立っており、予言や検証が可能なのと同様である。簡単に言えば、自然法則の連続的な変化曲線から断続的に刹那点を抜き出して並べるだけのことである。更に一層簡単に言えば、連続的な自然法則から断続する刹那系列を切り出すのである。

当然、連続的な自然法則が持っている情報の一切片をフルに利用でき、それが刹那仮説の中で自然法則の役を果たすことになる。

こうして刹那仮説は現代科学と矛盾するものではないと言える。しかしそれにとどまらない。刹那仮説の方が現在使用中の線型時間よりも物理学によりよく適合するとさえ見えるのである。

三　量子論の観測問題と刹那仮説

量子論の展開以来観測問題と呼ばれる難問が人々を悩ませてきて今日尚解決を見ていない、このことは広く知られており今更ここで説明する必要はないだろう。ただ、その難問の難点を繰り返しておくにとどめよう。量子論の理論的骨格はシュレーディンガー方程式であり、この方程式が物理的対象の状態関数というものの時間的変化を記述している。ところがそれに加えて今一つ別の変化様式が要請されている。それは「観測」によってその対象の状態関数が非連続的に変化する、というものであり、この観測による状態関数の非連続的変化なるものを一体どう理解すればよいのか、それが人々を悩ませる難問なのである。第一に、観測とは一体何を意味するのか。何かの装置を用いるにせよ、その装置の計器を読むのが観測なのか。だが計器を読むにせよ、ちらと目をやっても観測なのか、人間以外の犬や鳥が一寸そちらを見るだけでも観測なのか。そして、人間の観測にせよ、それによって観測された物理的対象が突然変化するとは何とも解し難い。

この難問の主役である状態関数の非連続的変化なるものが一見して刹那仮説と相性が良いことは誰にもわかるだろう。非連続的変化とはまさに刹那的変化であろうからである。そこで次のように考えてみてはどうだろう。

刹那仮説を前提にすれば、状態関数もまた刹那、刹那にのみ意味を持つだけである。その有意味な刹那以外での状態関数はシュレーディンガー方程式に従って時間的に変化する点では常識と同じだが、刹那仮説の下ではただ有意味な刹那を飛び飛びに支えている以外では物理的意味を持たないことは前節の終りで述べた通りである。一方、ディラックの言う観測可能量(observable)が現実に観測されるのが可能なのはそれの固有値(eigenvalue)だけであると考えるのが自然だろう。これを状態関数の側から言えば、現実に観測可能なのはその observable が固有値を持った状態関数のみだ、ということになる(つまり、observable の固有状態《アイゲンステート》のみが観測可能、ということ)。

すなわち、ある刹那にたまたま運よく固有状態になった状態関数のみが観測されうるということである。こう考えるならば観測問題の難点である、観測という物理学的には定義されていない行為によって物理的対象が一躍(量子跳躍《クワンタムジャンプ》)固有状態に変化するという不可解な現象は生じない。観測によって固有状態になるのではなくて、固有状態のみが観測可能なのだからである。一方、犬や猫が目を向けることも観測かという問題には当然確信を持って「否!」と答えられる。犬や猫が電圧計その他の計器の前に坐りこんで計器の方を向いていることを観測と呼ばないことは既に日常生活での常識によって明白に決定されていて、特別な理由がない限り物理学もまた常識に従うからである（犬が蓄音器のラッパに耳を傾けている恰好をした広告を見て犬が音楽を聴いていると言う人はいない）。

事の核心は、観測によって物理現象が変化すると考える必要はない、そのように変化した物理現象のみが観測可能なのだ、という小回りのコペルニクス転回なのである。だがこの転回を可能にしたものは何であったろうか。観測の刹那は観測対象の固有状態の刹那でなければならぬということである。観測という意味は未だにゆれ動いて定まらないが、いわばその原義とでも言うべき日常的意味での観測をとる限り物理量の観測値は固有値以外ではありえない。だから、ある観測値が得られる限りそれは固有状態の固有値である以外にはない。このことによって、観測によって状態が固有状態に変化するという積年の困惑が避けられるのである。

だが観測問題のこの回避方策は利那仮説の下では極めて自然に受け入れられる。しかし現代の日常的物理的常識である連続的時間を前提とすると強い抵抗が生じる。状態関数がシュレーディンガー方程式に従って連続的に変化している最中に、ちょうど固有状態になった瞬間にのみ都合よく観測が行なわれるという偶然は全く不可解である。だから右の方策はただ、一つの不可解を今一つの不可解に替えただけのことで観測問題は依然として健在である。だが刹那仮説にあっては連続時間常識が言う不可解な偶然なるものはその意味を失ってしまう。観測という行為もまた刹那仮説の世界では刹那の観測なのだからその観測がなされえた限りは対象もまた固有状態の刹那である以外にはなく、偶然なのではなくむしろ必然なのである。

通常の連続時間の下ではこれと同様の結論を導く事情があるならば刹那仮説の場合と同じ方策で観測問題を解決できることになるが、現在の所その可能性は小さいように思われる。我が国の並木、牧、といった物理学者の最近の正攻法の成功を祈る他はないようである。

刹那仮説が持つ哲学的射程は上述の観測問題のような特殊領域に限られるのではない。むしろわれわれの時間についての常識の根幹を揺るがすものである。

四　時間の流れの否定

時は移りゆく、時間が流れる、というのはわれわれが時間について持っている最も基礎的でまた最も強い確信を伴なう信念である。しかし全く奇妙なことに、この信念の内容が果たして何であるかを述べる段になると一体何を信じているのかがあやふやになる。信念などというものはもともとそのようなものらしい。

物事は絶えず変化しながら動いてゆく、それは確かだ。だがここで流れるものがあるとすればそれは物事、あるいは経験であって時間ではない。「時間」という名詞で指示される何かのものがあるわけではないのだからそれが流れる道理がない。また「時間が流れる」という文で指示される事態があるわけでもない。では、現在が絶えず過去になる、ということだろうか。だが過去とは一体どういう意味だろうか。その意味はただ「想起」という体験の中で「……だった」、「……した」という過去形の了解の中でのみ考えられている。そして、想起の中で過去形で了解されるものは「かつての現在」であることは確かである。だからそれを過ぎ去った現在と呼んで現在とは過ぎゆくもの、流れゆくものと言いたい誘惑は強い。しかし、想起はかつての現在の再現や再経験でないことは誰にも明白だろう。昨日の痛みが今一度かすかに痛むことではない。昨日の痛みは文字通り「過去の痛み」なのであって、ヒリヒリするかつての現在形の痛みではない。想起されるのはかつての現在であるということと、そのかつての現在経験がそっくり想起の中で再登場するということとは別のことなのである。現在経験がそっくりそのまま過去になる、というのは真赤な誤解であり事実誤認なのである。それゆえ、現在が流れて過去になるというのも誤りである。だからこれも時間の流れなどと言えるものではありえない。

結局、時間の流れとは実は物事の変化移行、経験の移り行き、ヘラクレイトスが万物流転《バンタ・レイ》と呼んだものの誤記であるとしか思えない。

この取り違えを補強するのが物理学の線型時間とその曲直線による空間表示であることはほぼ確かである。直線上の一点を現在と呼び、その片側の過去と呼ぶ区間へその現在点を移動させる、それが時間の流れである。このいとも簡単な誤動作は利那仮説の中では実行不可能である。だから利那仮説の中では時間の流れという誤信念は生じないが、代って時間は量子飛躍するといった信念が生れることだろう。

五　エピローグ

前節の考察から、時間の流れの信念は一次元連続の物理学時間とほとんど一体になっていることが見えてきた。そしてこの一次元連続の時間こそ、アキレスと亀のパラドックスでゼノンが否定しようとしたものである。しかし量子力学の諸命題は物理的事実によって少なくとも変化の連続性を否定したと見ることもできるのではあるまいか。だからこそその連続性を仮装的に否定する利那仮説は観測問題の難所を回避、それも全く雑作もなく回避することができたのである。

これら一連の所作によって利那仮説の正体もまた暴露したものと思う。言うまでもなく、時間の連続性を否定する扮装に他ならない。しかしこの利那仮説によって一見無縁に見えたアキレスのパラドックスと観測問題を結ぶ道があり、その道を更にたどると時間の連続性というホモサピエンスにほとんど生得の信念に行きつくことが示されたのである。乏しいものとはいえ一つの収穫と言ってよいだろう。

言語的制作《ポイエーシス》としての過去と夢

一 線型時間の乗っ取り

時間について何か言うときにはまず時間の不可解さを歌うアウグスチヌスの嘆き節を唱えるのがしきたりだが、おきまりの弔辞のようなことは省略して早速その不可解さをいくらか具体的にリストアップしてみよう。もちろん不可解の数は尽きるはずもないからその中のわずかのサンプルを挙げるだけになるが、それでもその不可解さの病根がどこにあるのか、その見当位はつけてくれるだろう。

(1) ゼノンの飛ぶ矢のパラドックス。

(2) 同じくゼノンのアキレスと亀のパラドックス。

(3) 今現在の不思議。今現在を把えるにはどうすればよいのか。

(4) 時間は逆転可能なのか。可能だとすればそれが一方の向きに固定されているのは何によってか。

(5) 未来が現在になり、ついで過去になる。この時間様相の移行と時間の経過とはどういう関係にあるのか。

(6) 過去と未来を現在の以前以後で定義するのは見当違いではあるまいか。

ここに並べた疑念を通観すると、これらの疑念は物理学の時間である線型時間を土台にしていることが容易にみてとれる。これらの疑念が全く不定形の絶望的疑問符ではなく多少なりとも言葉の形をとるためには、線型時間の上でその形を作ってみることが不可欠なのである。このことはむしろ当然であろう。というのは現代のわれわれだけでなく遠い昔の祖先たちも時間を線型時間として考えてきたからである。われわれホモサピエンスはとっくの昔から線型時間に支配されてきたと言ってもよいだろう。物理学がこの線型時間を採用したのは歴史的状況を追認せざるをえなかったからである。アウグスチヌスももちろんその状況の中にあって時間の不可解を嘆いたのである。

線型時間が支配する以前にも人間はその経験の中で時間を了解していたに違いないだろう。そういう原生的な時間了解がないとしたら線型時間が乗っ取りをしてその代りを勤めるようなことはできなかったであろうからである。この原初的な時間了解を原生時間と呼んで差し支えないだろう。この原生時間を線型時間が乗っ取って占拠したとしてもそれは暴力的で理不尽な仕方での占拠であったとは思えない。むしろ原生時間と線型時間との間に強力な類似性があって、極めて自然で無理のない仕方でいつしか原生時間から線型時間に移行したのだろうと思われる。

今になってこの移行を逆にたどって線型時間から原生時間を復原することはまず不可能であろう。しかし原生時間の諸特性の一部を推定してそこから線型時間を改めて構成してみることは辛うじて可能であるように思われる。もしそれが何ほどかの所まで実行できるならば、右に挙げた様々な疑念や問題も僅かながらにせよその表現を変えて幾分透明さを増すのではあるまいか。

二　原生時間より線型時間へ

線型時間の諸性格の中で最も基礎的なものは何かと言えばそれは以前以後（earlier-later）という時間順序であろう。時間順序こそまさに線型時間の線型性を作る当のものだからである。ではこの時間順序をわれわれの原初的経験の中で探すとすると、それは想起経験であるとしか思えない。一連の出来事の想起の中でのみ例えば始めの出来事や終りの出来事といった以前と以後の関係が必然的に経験されており、こういう出来事の一連を経験できるのは想起経験以外にはないからである。例えば知覚経験は決して一連ではありえず、すべての知覚経験は刹那的断片的である。

それ故線型時間の構成を試みるとすれば想起経験をその中心に置くという方針が最善であると思われる。だが、想起される経験は言うまでもなく過去経験なのだから、過去経験の中の以前以後という時間的順序関係を土台にして線型時間を作りあげる、ということになる。

未来と現在

想起される過去事象の間に与えられている時間順序関係が線型時間の原型として働くことはほぼ承認されることであろう。

次に未来に予期または想像される一連の事象、例えば明日の式次第に対しても過去事象の時間順序が適用されると考えることに異議はおそらくないだろう。過去の式次第での始まりと終りの関係はほとんどそのまま未来の式次第の始めと終りに適用されることに些かの無理も不自然もないからである。

こうして線型時間の過去と未来の構成には何の困難もないが、問題は「今現在」の構成である。今現在とは本源的に現在経験であって、そのままでは過去の時間順序の中に組みこむことはできない。想起経験も現在経験の一つであるが、想起内容である過去経験を想起する経験として、想起内容としての過去とは異なった次元に立つものである。フッサールの言葉を使えば、想起内容である過去はノエマであるのに対して、想起経験はノエシスとして区別さるべきものである。それゆえに今現在の想起ノエシスを過去のノエマの時間順序に取りこむことはいわば相撲力士の番付け序列に行司を取りこむのに似た不条理なのである。しかし、ここにそれを可能にする方法が一つある。というのは、今現在に至る一連の過去の想起を考えてみれば（例えば、ある野球試合の今現在に至る途中経過）、その過去のすべての部分に対して今現在が以後であることは明らかだろう。それと同様に今現在に始まる未来の出来事を予期または想像することから、未来のいかなる事柄よりも現在は以前であることが判明する。

このやり方で今現在を過去と未来の時間順序の中に取りこむことができる。そして現在はその順序の中で、すべての過去よりも以後、すべての未来よりも以前、という位置を占めるのである。

ここに至って線型時間の骨格が構築されたのである。それは過去想起の中に与えられている以前—以後の原生的時間順序の概念を未来と現在に外挿的に適用して一次元順序系列として作りあげたものであり、その作成工程からみれば時間の「過去化」と呼ぶことも許されるものである。ベルクソンが、彼が真の時間と考えた持続に対して物理学の線型時間を「空間化」された時間と呼んだことにもつながるものがある。

こうして過去によって作成された線型時間を空間的に表示しようとするならば、ガリレイ時代からの慣行である一つの直線上の点系列という表示はそれ以外には思いつけないほど自然で不可避なものである。

それにもかかわらず、一直線上の点系列として表示される線型時間は決して完全でもなくまた信頼できるものでもない。むしろそれこそ長い間人々を悩ませてきた数々の謎を生んできた元凶なのである。始めに挙げた幾つかの疑念の中からほんの一例としてゼノンの飛ぶ矢のパラドックスを取ってみよう。このパラドックスの根源は「点時刻」の概念にあると私は考える。持続を持たない点時刻とは線型時間から生まれた人工的産物である。持続を持たない点時刻に、例えば壁が赤くなる、歯が痛む、あるいは電子が存在する、等々ということは意味をなさない。存在や状態が意味を持つには如何に短いとはいえ何ほどかの持続が必要なはずだからである。だから点時刻にゼノンの矢が存在するとかしないとか、飛ぶとか飛ばないとか、一切が無意味であり、それゆえパラドックス自身もまた無意味な命題として抹殺され、パラドックスは消滅する。

この点時刻の概念は更に今現在の概念にも害を及ぼしている。右にみたように「現在」の概念は強引な過去化を受けて線型時間に取りこまれたのだが、更にその上一次元直線表示においては過去と未来の接合点として点時刻化されたのである。だからこの現在概念が他の困難に加えて持続を持たないという不合理で人々を困惑させるのは当然の結果なのである。

線型時間が呈するこのような困難の数々の中でも際立つのは過去、現在、未来、の時間様相の意味についてである。それは線型時間の構成が過去化という方法によったことから当然予想されたことであった。すなわち、線型時間は過去想起の以前以後という時間順序によって作り出されたものである。特に先に述べた「現在」を過去と未来との接合点に配置したことから、線型時間の過去と未来という時間様相は単に「現在より以前」「現在より以後」というように現在との前後関係によってのみ定義されることになる。その典型が物理学の中の線型時間であり、一直線上の一点を現在としてその点の右方を過去、左方を未来とする慣習法が中学生のときから教えこまれる。その結果、過去や未来とはそもそも何を意味するのかを問うことさえもが忘れられて、現在より以前、以後というできあいのスーパーマーケット的なインスタント定義で済ます風習が強くなっている。

もちろん過去と未来の意味は幕下幕内というような序列関係で尽きるものではなく、そのような順序関係を付帯的なものとする本来的意味がある。それはわれわれの経験の基底で働いている原生的時間が持っている原生的意味に他ならない。この原生的な意味に遡るには線型時間を一時的に御破算にして想起体験自身に立ち返らなければならない。

過去、過ぎ去った、とは一体どんなことを意味しており、その意味をわれわれはどのようにして了解しているのだろうか？　われわれが線型時間にとどまる限りこの問いに答はないだろうし、更にこのような問いが問われること自体がないだろう。線型時間の構造からして過去とは単に現在以前という意味であり、それ以上の問いは意味をなさないのである。しかし、われわれがそれ以上に過去の過去性ということの意味を了解しているのが事実である。過去形で語られる命題が現在形の命題と明確に区別されて了解されている。この了解とこの了解の中の過去ということの意味を探すのならば、それは想起経験の中である以外はないだろう。現在只今ということの意味が経験されるのは知覚経験の中であるように、過去の意味はただ想起の中でのみ経験される以外にはない。

想起の中で経験する過去の意味を抽出してかくかくと述べることはできないが、それは一般概念の意味、例えば「犬」の意味の場合と同様である。しかし、「……した」、「……であった」という想起のそれぞれの中で過去の意味は明確に了解されている。その強烈な了解は「……するんじゃなかった」といった後悔の場合にみられるだろう。それは未来の意味が「……になるのでは」といった心配や取り越し苦労の中で了解されるのと事情が平行的である。

過去の意味について常識は大きな誤解をしているが、この誤解の元には想起経験についての大きな誤解がある。それは想起を知覚の再生・再現または再経験だとする誤解である。だが痛みの想起にあってかすかにでも痛みがぶり返すわけではないし、昨日聞いたピアノの音が想起の中で鳴っているわけではない。想起は過去の知覚の想起でありうるが、その過去知覚が現在知覚として再生することでは全くない。知覚とは現在を経験することなのに対して、想起とは過去を経験すること、過去形の経験なのである。

想起は知覚の対極であって、何ら擬似知覚的なものを含んでいない。事実、想起は主として言語的なのであり、それが言語的な過去了解であることは誰でも自分の想起経験を想起してみれば直ちに納得されるだろう。

想起が言語的想起であるからこそ過去の意味は色や形や音や味としてではなく動詞の過去形の意味として了解されるのである。更に言語は若干の固有名詞の他は一般概念を意味する、つまりイデアを意味することから、想起はイデア的了解として、知覚が個物了解であることと対照的である。

以上で述べた想起の中の過去の意味は、線型時間の現在より以前という順序と違っていわば過去それ自体、過去がまさに過去であるべき意味であるが、しかし現在より以前という性格と無縁というわけではない。もし全く無縁ならば過去の意味が線型時間と接点を失ってしまうだろう。

「……した」「……だった」という過去命題の中の過去の意味は、これら命題の発話行為としての想起経験それ自身よりも以前のことということを含んでいる。例えば、「さっき雷が鳴った」ことの意味了解の中には、その発言よりも以前の過去だという了解が明らかに含まれている。現在より以前というこの部分的了解のみを取り、本体である過去の意味を無視して構築されたのが先の線型時間なのである。線型時間が肉をそぎ落とした骨ばかりのような貧弱な一面を呈する原因はここにあると思われる。

以上で述べた過去についての提言はすべてこれまでの常識に真向から逆らうものである。これら反常識的な提言の承認を求めるための方策として、想起の特殊な、しかし教える所甚だ多い事例について、これらの提言を繰り返しながら敷衍し強化しながらその妥当性を試みる場とする。その場とは他でもない。想起としての夢である。

三　夢の想起

夢についてわれわれが経験することは単に夢をみたことの想起であって夢見そのものではない。夢に限らず想起経験にあって経験するのは想起の経験であって想起される経験の繰り返しではない。それなのに逆に、まず夢見の経験があって次いでそれを想起するという常識は、まず過去の知覚経験があってそれが記憶されてたまたま想起されるのだ、という終始転倒の常識につながるものである。記憶なるもののすべてが想起という経験を擬似的に説明するための形而上的仮構なのである。当然その想起以外に記憶の証拠となるものはない。こうした虚構に導びいたものは想起経験の中で経験される過去性である。つまり、過去として何かが経験される、という想起経験の本質が自然に過去という実在を想定させてしまうのである。想起に意識内在《イマネント》する過去を超越的な過去実存にすりかえるのだ。ちなみにこのすりかえは知覚の場合にも生じる。知覚される対象に意識内在する現実性が超越的な外部世界の実在性にすりかえられる、というのは哲学史の中では周知の事実である。

　夢の場合にもこのすりかえが起きる。夢の想起に意識内在する過去としての夢内容にすりかわるのが過去の夢見という虚構の経験なのである。夢を想起するとき、悪漢に追われた、ビルから落ちた、といった事件は過去に知覚経験したこととして想起される。想起という意識に内在するこの過去性を誤って想起の外部に設定した夢見という過去知覚だと取り違える。この取り違えを訂正すれば事は簡明になる。すなわち、寝床の中でみた夢を目覚めて想起するという二段構えではなく、単に目覚めての夢の想起がある、という一段構えになる。実際、夢の想起でビルから落ちたと想起するのであって、ビルから落ちたと夢みたことを想起するのではない。

夢の想起など始めからないのである。あるのは、非日常的な特異な事件の想起であり、この「夢のような」事件を過去にみた夢と叫んでいるだけなのだ。こうみてくると、「夢みる」などということはどこにもない、あるのはただ夢の想起と呼ばれる覚醒時の独特な想起経験だけである。換言すれば、夢は眠ってみるのではなく目覚めて想起するものなのである。

それにしても夢は睡眠中の経験だという思い込みはどこから生じるのだろうか。

それは「我が過去」が満たさねばならぬ条件があってそこから夢は睡眠時に押し込められる、と考える。

想起される自分の過去は自分の経験の歴史として一本の糸のようにつながっていなければならない。自我はただ一つしかないことから必然的に自分の歴史に分れ道やわき道があってはならない。切れ目や間隙があってもならない。自分の過去に要請されるこの糸のような一貫性を「過去の連結性」と呼ぶ。ところが夢の中の過去は明らかにこの過去の連結性からはみ出している。夢の中の事件の始まりはそれ以前の過去から接続しないで突然に開始するし、夢の終りから想起している現在までの連結もない。そこで夢の事件は自分の過去に組み込むことは困難である。ところがそれを押しこむのにちょうど具合のよい穴、つまり自分の過去の中の空白部があり、それが言うまでもなく眠りの期間なのである。そこで夢の中の過去をこの空白の眠りに挿入すれば、過去の他の部分は一切無傷で済むだろう。夢の生理学的現象、例えばレム睡眠の眼球運動とか脳波形、あるいは睡眠中の急激な揺さぶり起こしでの夢経験（これも夢の想起）報告等々はここでは本筋に何の影響も及ぼさない。

眠って夢をみる、という仮構の夢物語はこうしてでっちあげられたのである。このやり方でおさまらない場合、例えば邯鄲の盧生や浦島やリップヴァンウィンクルのように長大な夢の場合には長時間の眠りを必要とするが、ジキルやハイドの場合には自我を複数化することで複数の連結過去を認める多重人格という別枠が必要になる。

夜夢をみる、ということ自体が既に虚構であること以上の如くであるが、この虚構の中に更に一つの事実誤認が含まれている。その誤認とは、夢をみるというように夢を何か知覚に類するものと考えている点である。夢とは実は覚醒時の想起の一種であり、前節で述べたように想起とは知覚と全く異なる経験様式であるならば、夢には知覚的なものがないはずである。

それは一寸注意して自分の夢を反省してみればわかることである。御馳走を食べた夢で実際舌の上や口の中に味がするだろうか。昨日の歯痛の想起に少しも痛みがないように、食事の想起としての夢にも何の味もないのが事実である。また夢には自分自身の登場が多い（むしろ出ずっぱり）。その自分をみるということは目覚めた世界では鏡でもなければ不可能な知覚である。それで、夢の中で自分をみると思っている場合にはまるで他人のように俯瞰的にみていはしないか。それは明らかに知覚ではなく思い（conceive, vermeinen）なのである。昼間通いなれた道を想起するときと全く同様に夢の中で通り抜けた道を想起するとき、それはその道をたどるにつれて次々に展開するパノラマ風景をみるのではなくその道を鳥瞰的に考えているのではないか。夢で何か、例えば熟知する人の顔をみるというときも、昼間その顔を想起するときと同様にみるのではなく考えているのではないか。なぜなら、どちらの場合にもその顔の例えば右の耳たぶをみつめることができないし、知覚なら当然あるべき特定の照明状況（太陽光とか蛍光燈とか）が欠落しているか不定であろう。

明らかに夢は知覚ではなく知覚に類するものでもない。それは当然だろう。先に述べたことが正しければ夢は想起経験の内容なのだから。そして想起は知覚とは全く別種の経験であって、現在的知覚が不可能な過去を経験する様式なのだから。

そして過去は知覚されずにただ想起されるように、夢もまた知覚されるのではなくてただ想起される。この想起において知覚の五感に代って働くのが言語である。過去なるもの、したがって夢もまた過去として言語的に想起される。だから過去とは過去物語であり、夢はまさしく夢物語なのである。夢はみるものではない。みるべき舞台もみるべき芝居もないのだから。夢はいわゆるレーゼドラマのように舞台もなく役者もいない、ただ言葉で語られる台本のようなものである。いやその夢物語で語られる情景があるはずだと言う人は夢の想起があるためにはまずみられた夢があるはずだと考える人である。それは更に一般に過去の想起があるからには想起される過去の経験がまずあってそれが記憶に保持されているからこそ想起できるのだと考えている。ここでは第一に過去の経験が発明され、更に第二にその保持としての記憶が発明されている。しかし繰り返すが、過去の経験もその記憶なるものも想起を説明するためだけの発明であり、だからその想起以外にこの二つの発明を証拠立てるものはどこにもないのである。証拠立てる唯一のものがその想起なのである。このことは夢見の場合に最も明瞭だろう。夢の想起以外に夢見を証拠立てるものは何一つない。

想起とは別に想起される過去、例えば昨夜の夢見を捏造する必要はない。想起経験だけで十分で、想起の中に一切がある。過去もまた想起に意識内在しており、それを不当に超越化して外部想起の外に不法建築するのは、知覚経験に意識内在する事物の実在性を不当に超越化して外部世界を建立するのと並んで哲学の原罪的誤謬ではなかろうか。誤謬とまでは言えないとしても不用不急の冗長であることは明らかである。みえている山川草木は既に十分に実在的であり、それをわざわざ超越的存在として意識の外に置くのは全く有害無益であり、それに伴なって知覚される事物を外的超越の表象に格下げするのは立派な犯罪である。それと同様に、過去として想起することこそ想起の想起たるゆえんであるのに、わざわざ超越的な過去世界を捏造すれば、そこからその世界の「記憶像」が想起内容だとする二次災害が生まれてくる。

これらの不都合が長い間われわれを呪縛してきた。そこから逃れる道はただ一つ、素朴な経験そのものに立ち返ることである。実在性や超越性がほしいならそれらは既に知覚経験の中にあり想起経験の中にある。それ以外の一切は虚構であり捏造なのである。

こうして過去の一切は想起経験の中にある。「……した」「……だった」という想起そのものが過去を経験することであって、それ以外に過去なるものはない。想起とは以前の経験の二番煎じの経験などではなく、過去の初体験に他ならない。だから昨夜みた夢を途切れ途切れに今思い出す、というのではなく、夢のような一片の過去を今初めて思い出している、のである。その過去の一片は今封切りの本邦初演なのである。

しかし、このいわば想起内在過去の所説には一見克服不可能な難点があるようにみえる。というのは、過去の内部で夢と真実、偽なる過去と真なる過去をどうやって分別できるのか。こう問責されたらどうしようもなくお手上げになりはしないか。

四　過去の真偽

過去と記憶について常識は二つの最も基本的な誤りを犯していると思われる。その一つは、これまで述べてきたように、想起という意識の中で内在的に経験される過去性を超越的に外在する過去の実在性に祭り上げるという「超越化の誤り」である。今一つは、想起される過去をこの超越化された過去の記憶像とする「記憶像の誤り」で、これについては他の場所で述べたので（拙著『新視覚新論』十章一節その他）ここではその誤りの骨格だけを記しておく。想起された富士山を実物である富士山の像であるということ、そのことの中に既に実物の富士山が登場しているのだから、今更その像で代用する意味がない。故に想起される過去は実物の過去であってその記憶像などではない。この「記憶像の誤り」が前の「超越化の誤り」に連動していることは容易にみてとれる。そして連動することによってこの二つの誤りが互いに強め合っているのである。更に、過去想起に関するこの二つの誤りは、知覚経験という現在知覚に関する二つの誤りと対応している。すなわち、知覚経験に内在的に経験される事物の強固な実在性を外的世界として超越化する超越化の誤りがあり、知覚風景をその外的世界の表象や写しとする「表象の誤り」が記憶像の誤りに対応している。現在のアメリカの経済的困難である財政赤字と貿易赤字を双子の赤字と呼ぶように、過去と現在に関わって対応する誤りのペアは素朴実在論の双子の誤りと呼んでいいだろう。誤りというのが一方的にすぎるとすれば、素朴実在論の双子の要請と呼べばよい。

いずれにせよこの要請を拒否するにはそれ相応の代償が必要である。穏やかで安心できる日常生活と自然科学を断念するという代償の他に、素朴な対応論的真理論が使用不可能になる。タルスキィが定式化した、超越的世界がかくある通りを言う命題が真である、という素朴な真理性は、その基準となる超越的世界と超越的過去とが拒絶されるのだから当然使用不能になる。そうなれば現物として与えられている想起経験の中で真なる想起を何とかして選び出す方法をあみ出す以外にはない。それは当の人物を知らないでその人の何枚かの写真から一番似ている写真を選び出すようなものである。

この一見打破不可能ともみえる状況からどうやって真なる過去を設定できるか？　それは難かしくはない、なぜならわれわれはともかくも真なる過去を持っているのだから、その真なる過去がどうやって設定されてきたのかをわれわれ自身について観察すればよいはずだから。そして日常生活の至る所、夫婦や友人の間での大小の口論や職場での会合から、警察の取り調べや裁判所での論争、政治家の嘘八百から歴史家の著作、更に宇宙開闢以来の過去を語る宇宙論や進化論といった科学上の学説に至るまで、あらゆる所で行われている過去確定の様子を観察することである。

五　過去は言語的制作

幼い子供が過去について語ることを学習する過程を想像的に観察してみよう。子供は昨日した遊びや買物や食事の話を年長者にするとき、その言葉を訂正され正しい言い方を半ば強制的に繰り返し練習させられる。これは言語の学習であり、かつまた同時に過去の学習なのである。その言語訓練の中で子供は文章の過去形の正しい使い方を習うからである。動詞の過去形の意味を了解するのと共に、真なる過去記述と誤った（偽なる）過去記述の区別を理解し、それと共に嘘のつき方もおぼえる。

この時、子供の大部分がほとんど不可避の誤解に陥るだろう。昨日のピクニックの様子がまるで今みているように思い出され、その情況を言葉で言えばそれが正しい過去記述である、というその後一生彼を捕えて離さない誤解である。今でもわれわれは想起と言えば過去の情景が映像的に浮かぶことだという「映像的エイズ」の症状を示すが、これは幼い時の社会との言語的接触で感染した誤りの結果である。確かに過去の映像のようなものが浮かぶだろう。しかし第三節で述べたようにそれは過去の記憶像ではなく、したがって過去記述の真理性の根拠ではない。過去記述は言語による記述であって非映像的、非知覚的であり、高々その記述の挿絵として映像が働くに過ぎない。この想起とは過去の映像的浮遊であるという根深い誤解は更に一般に言葉の意味を映像的浮遊だとする誤解に根ざしている。この誤解から脱出して言語の意味、そして過去想起から一切の映像を断絶する試みがウィトゲンシュタインの言語ゲーム論であったと私には思える。言語ゲーム論を今流行の思想的アクセサリーから解放してその内実をみるならば、言語の意味をあらゆる映像的不純物から精製して社会的言語交信にまで煮つめたものである。それゆえ言語ゲーム論に同意するには、あらゆる映像的意味を拒絶してその禁断症状に堪える必要がある。

過去記述を含む言語の意味が映像的なものではないことをみて取るには過去記述が適している。なぜなら、「過去であること」の映像的表現は不可能であるからである。雨が降った、犬が吠えた、といった過去形の映像（過去性の映像）が考えられないのは and や or という接続詞を含む論理語とか虚数とか加法群といった数学的概念の映像が考えられないのと同様である。論理語の意味は論理学の学習の中で、数字の概念は数学学習の中でのみ理解され、そこで映像はただ挿絵や図解といった補助的手段としてしか働いていない。それと同様に、過去記述や過去形の意味の理解はただ過去についての会話の中でのみ学習されるのであって、そこにたまたま浮遊映像があるにせよ、それの役割は補助的な挿絵なのである。子供は両親を主とする年長者と過去について語り合う中で過去ということの意味を学習する。その折りに何か映像的なものが把え所がない形で随伴するだろうが、それは補助的な随伴現象であって、学習される過去の意味はそれらの随伴を抜きにして年長者との言語ゲームによって獲得可能なのである。しかし、この随伴現象にすぎない映像的なものによって映像的過去世界が虚構されるのも避け難いことで、この虚構について語ることこそ過去説話なのだという派生的虚構が生まれるに至る。この生得的中毒に近い本末転倒を元に戻すにはコペルニクス以上の転回能力が要求される。過去なるものが実在しそれについて語る、というのを逆転して、過去形での語りの中で過去なるものがはじめて出現するのだ、と心を鬼にして考えるのである。言語ゲーム論はこの不自由な逆転を要求し且つそれを可能にするものであり、そうでなければ言語ゲーム論は一片の平凡なリマークでしかないだろう。

今述べていることはおそらく無謀な非常識とか奇矯の思いつきと取られるだろうが実は哲学史には強力な前例がある。カントが『純粋理性批判』で提出した超越論的観念論である。それは周知のように、意識の外に独立して実在する物自体を拒んで、意識の中の表象を結合総合して実在が構成されていることの主張であった。ここでカントが表象と呼ぶものは主として知覚表象であり、それから構成される実在とは事物の現在存在であるが、私はそれを転調して想起の言語命題から過去実在が構成されるというよりは、それらの言語命題の意味の中に過去実在が与えられていると言いたいのである。そしてカントが「外感の対象を感官から区別される何かあるものと見なし、また単なる現象をわれわれの外にある独立の存在物と見なす」（『理性批判』A371）独断的実在論を斥けた態度をそのまま過去世界に適用して、想起と独立であるようにみなされている過去実在性の呪縛から逃れようというのである。

しかしそれは過去が実在しないということではない。ただ過去なるものが想起という意識の外にそれと独立して実在するのではなくて、想起される命題の言語的意味の中に実在するのだ、と言っているのである。「昨日デパートで彼と会った」という想起命題の意味の中に昨日という日やデパートや彼の過去が実在しているのである。

誤解を招く恐れがたっぷりあるが、過去とは言語的に制作されたものである、と言えるだろう。そして、その言語的制作にアリストテレスのポイエーシスの語を当てたいのである。想起は時に多大の辛苦を伴うが、それは詩作の苦しみと同じ性格のもの、制作の苦しみなのである。過去をこうして言語的制作とみる時、未来もまた同じく言語的制作と言わねばならない。それに止まらずおよそ知覚不可能な事態、例えば遠隔の地の現象とか分子原子レベルの現象、そしていうまでもなく想像上の事態等々。それに何にも増して数学の全域はすべて言語的制作なのである。それらはすべて非知覚的非感覚的な意味による制作であり、そのことこそプラトンがイデアと呼んだものに他ならないと私は考えたい。また以上のような見方をすればこれまでとかく対立的に考えられてきた過去と未来を同質のものとみることも可能になる。

しかしすべてを知覚的な物に擬して考えるという慣性にわれわれは中毒している。だから原子やクォークを小さなボールとして考えたくなり、神や悪魔を人の形に考えるように、過去存在も今見ている机や椅子の様な物として「みえるが如くに」考えてしまうのである。そこから想起とはそれらの過去の準知覚的事物の何か薄い影のような記憶像が浮かぶことだと考えるのは、昔エピクロスが物からエイドーラという薄い膜がはがれて眼に入るのがみえることだと考えたのとそっくりそのままで、まことに自然なことである。

当然、想起とは過去を言語的に制作することなどと言うことは、手強い禁断症状を引き起こすだろう。当然痛烈な反論があるだろう。では、特定の想起、例えば昨日のデートの想起がかくかくであってしかじかでないのはどうしてなのか？　昨日の過去がかくかくであったからだ、というこれまでの答はここでは許されない。想起が依るべき過去実在は拒否されているからである。過去言語制作論では想起が依るべきものはない。想起には根拠が与えられていない。こういう反論が立ちどころにされるだろう。

まさにその通りである。言語制作論では想起には何の根拠もないことを認めねばならない。何を想起するにせよそれは無根拠である。何が想起されるにもせよそれは不条理《アブシュルド》に想起されると認める以外にない。

何かが想起されるには何の理由もなく何の根拠もないのである。この想起の無根拠性、不条理性が最も明白に現れているのが夢という想起である。夢の場合はこの無根拠性は大よその所公認され受容されている。五臓六腑の疲れとかフロイトの夢解釈は未だに異端である。しかし、夢とは別の現実の想起も夢と同様に無根拠で偶然的だということは容易に承認されないだろう。だが何かのメロディが想起されるのは全く突然ではないだろうか。それと同様に、昨年のある日のことが想起に浮かぶのも全く唐突でまるで天から降ってくるようにではあるまいか。その日のことやそのメロディがそのとき思い出される理由も根拠もない。理由や根拠を必要としないのである。それは万有引力が距離の二乗に反比例することに何の理由もなくただ事実そうであるのと同じなのである。だが去年のある日の想起が山登りの想起であって試験でないことにも何の理由もないのか。その日に事実、試験ではなく登山をしたからだと過去のあり方を理由にすることを拒んだ以上そこには何の理由もない、ただ試験ではなく登山が想起されるのだと言う以外にはない。

それではすべての想起が夢の想起と同様に何のとりとめもなく文字通りに過去はただ夢ということになるのだろうか。もちろんそうではない。信ずべき過去なるものがあり、その中に夢が点々と間欠的に埋め込まれている以上、想起は無理由無根拠ではあるが、無規律で恣意的ではない。

六　過去の自然選択

生物の偶然的突然変異に自然選択が働いて進化があるが、理由なしに想起される過去にも自然選択が働いて「真なる過去」が形成されてゆくようにみえる。

まず不自然な過去が廃棄される。自然法則や人間の自然な心情や行動に適合しない不自然な過去は「ありうべからざる」として拒否される。次は前にも述べた現在接続である。過去記述は、それが如何に自然に如何にスムースに現在に接続しているかがためされる。昨日彼とデパートで会った、という過去記述は、現在におけるデパートと彼とまたこの想起する当人の状況に自然な接続をしていなければならない。例えばその彼は今遠く離れた土地にいるとかデパートは倒産して閉店しているという状況では現在接続が困難である。だが彼は現在入院中だとかデパートは改装工事中だとかでは現在接続は何とか維持できるだろう。したがってある過去記述の現在接続が可能か否か、また可能としても困難の程度となると、事は簡単なイエス、ノーでは決まらない。法廷で証人の記憶を判定するのに実に様々な考慮が加えられるように、過去記述の現在接続の評定に当たっては複雑な総合的判断が必要になる。それに一番似ているのは科学における理論が評価される場合の複雑な判断だろう。実験や観測事実にどれだけ適合するかがその評価の中核ではあるが、それ以外にも既成の理論との親和性や考慮さるべき実験の選択、更に理論提出者の学問的信憑性やときにはその党派性や個人的感情までそこに参入する。そうした事例は科学史や科学社会学では珍しくない。

科学理論が実験事実に適合することを求められるのに対して過去命題は現在に自然に接続することを求められるのである。このことから過去命題の評価が科学理論の評価に類似してくることは当然であろう。共に単なる事実の確認からほど遠くまたはるかに入り組んだ社会的評価である。このことをわれわれは子供の時から言語の学習の一部として習ってきている。例えば嘘をつくことや相手の嘘を見破ること、誰の過去命題を無視すればよいか、こういう過去命題の社会的評価の仕方をそれに伴なう若干の儀式——怒りや冷笑や微笑——と一緒に習ってきている。

こうして自分や他人の想起命題には全く何の根拠も理由もない天から降ったようなものであるにせよ、そのあるものは真として受容され、あるものは嘘とか記憶違いとして拒否される。それが過去命題の自然選択であって、その結果として形成されてくるのが社会公認の歴史なのである。したがって過去とは社会的に合作された言語的制作物なのであり、その点で自然科学の諸理論にそっくりなのである。こうして一つの新しい想起命題がそれまでに形成済みの公認の過去にどれほどよく適合するかが評価されて「真」として選択されて始めて公認の過去に付加されるのは、ジグソーパズルの新しい一片がそれまでに組上げ済みの図柄のどこかにピッタリ合うときにその図柄の新しい部分として選ばれる、あるいは動物や植物の新しい細胞がそれまでの成体に適合して付加されてゆくのと同様である。これが過去が言語的制作として社会的に成長してゆく仕方である。そして成長してゆく物理理論や大都市と同様に、その成長の過程で絶え間なく小改造や小訂正、そして時には、大規模なリノベーションを受けることは避けられないことは、ビッグバン宇宙論や若干の国の共産党史にみる通りである。過去とは不変不易のものだという妄想は独断的な過去実在論の不幸な産物の一つであろう。そして想起命題の真理性、つまり記憶の正しさとは、社会に共有されている歴史に照らして受容可能であるか現に受容済みであることであると、考えなければならない。しかしそれでもなお実際私の眼でかくかくなことをみたんだ、と言いたい気持ちは十分に理解しまた同感するが、そのような個人的感情的反抗は法廷でと同様に簡単に無視される。それが私たちが互いに習ってきた過去の意味の中の定めの一環であるからである。換言すると、それが過去の意味の中に含まれている過去真理性とか記憶の正しさの意味なのであり、私たちが互いに理解している過去について語る限りはその意味に反することは三角形の角が丸いというような矛盾を口にすることなのである。

以上のようにみてくるならば、あの把え所のない夢について若干言うことができる。夢とは自然選択にもれて真なる過去として受容されない、あるいは受容不可能な想起命題なのである。だからそれは当然捨てられるべき想起命題である。しかしその折角の想起を無視するに忍びず、この捨ててしかるべき命題を無理にでも公認過去に組み入れようとするならば、睡眠中という場所に配置するのが最も賢明であろう。そこは元来何もない空所であるから、そこに夢命題を挿入しても過去という制作物に何の擾乱も与えることがないだろうからである。

最近の大脳生理学の中には、夢の新しい解釈として、夢とは不要な記憶の処理であるという考えもあるそうであるが、以上の見解にこの全く無関係なアプローチからの解釈と偶然の類似点があることは確かである。

七　時の流れの錯誤

未来も過去も言語的制作であって現在の知覚経験に接続することだけが要請されるものだとすれば、結局のところ未来と過去という二枚の言語的制作の間に現在知覚経験が挟まるというのが時間世界の基本構図ということになる。その言語の大部分がイデアを意味する一般概念であることを考えれば、個物的知覚現在を間に挟んだ未来・過去二枚のイデア界であるとも言える。この基本構図にあっては、時間が流れる、刻々の現在が過去になるという常識と科学の基本構図は錯誤であると言わねばならない。今経験の最中の知覚が過去になることを想像してみればよい。それは現在の知覚経験がそっくりそのまま過去の方にずれると考えるなら、それは過去を知覚的な映像だとするあの誤りからの二次災害である。しかし過去は言語制作によるイデアであることを信じる限りここで想像されている過去も当然イデアなのであって個別的知覚である現在とは根本的に異なっている。確かに想起された過去の意味の中核にはその過去が「かつての現在であった」ことが含まれている。しかし「かつて現在であった」ことは「今現在である」こととは全く異っている。それを混同するのは現在と過去を同一の経験が単に時刻を変えたものとする安易軽率な線型時間に毒された結果であろう。

時間の流れという考えはホモサピエンスが言語使用を開始して間もなく発生し、それ以来ミトコンドリアと共にわれわれヒトと共生してきて今日に至っているものであるらしい。

細胞の呼吸機能を担うミトコンドリアを今更捨てることはできないが、時間の流れの考えと訣別しても命を落とす恐れはないように思われる。逆にひょっとしてわれわれが生きていることの世界がその様相を一変することだってありうるのではあるまいか。だがそうなるには投球フォームや打撃フォームを変える場合と同様、少なくとも数ヶ月の訓練が必要なのだろう。

過去概念の改訂

一　想起を母胎としての過去

現代社会に公式に流通している時間概念は、物理学がその全歴史を通じて精錬してきた線型一次の、私がリニア時間と呼ぶ概念である。このリニア時間の最大の特徴は、それが以前、以後という時間順序を明確に表現した点にあるが、その時間順序の表現にいささか奇形的なまでに偏執したために、時間のそれ以外の側面が無視に近いほどに度外視されて、それが原因となって時間についての多くの疑問や捉え難さを生むことになり、例えばアウグスチヌスの例の有名な嘆き節が演歌のように流行することになった。リニア時間が無視した時間の側面の最たるものは過去、現在、未来という時間様相であったといえよう。この過現未の三様相をリニア時間は全く無頓着な手軽さで現在点の以前以後が過去と未来であるとして事終れりとしてしまっている。そのため過去とは一体何を意味するか、と改めて問わねばならない場合になすべきことはまずリニア時間を一切無視することである。だがそれは何万年にもおよぶリニア時間の呪縛から逃れてその偏見から自由になることである。

こうしてリニア時間から少なくとも準備的に解放されてから過去とは一体何かを問うならば、過去とは一体何であるにせよ過去という意味が一番端的に露出しているのは想起の経験であることはまず明白である。昨日のこと、去年のことを想起する体験の中でわれわれは過去の意味を既に了解しているのは、きたるべきことを予期したり（明日の試験）心配したり（帰らぬ子供の事故）連絡を待ちかねたりする体験の中に未来の意味がありありと了解されていることと対称的である。

そこで想起の体験を主題的に観察しようとする時、その観察の視野をふさいでいる障害物がある。それは、想起とは過去の知覚経験の再生または再現であるという恐らくは縄文以来の誤解である。しかしほんの僅かでも自分自身の想起経験を反省してみればそれが真赤な誤りであること、事実誤認であることに気づくだろう。昨日の歯痛を今想起するとき、たとえかすかにでも歯が痛むだろうか。たとえようもなく美味しかった料理を想起することでそれを二度目に味わえるだろうか。喜びや悲しみの想起体験そのものは喜びや悲しみの体験ではない。それなのにかつての知覚体験の想起はその知覚体験の微弱な再生であり再体験だとする常識は明らかに事実誤認である。この誤認によって更に二つの誤りが増殖した。その一つは過去の知覚経験が後刻再生するためにはその時までそれが保存されていなければならないという記憶保存の捏造であり、いま一つは再生される過去の知覚経験はオリジナルの薄められた写像であるとする記憶像の誤りであるが、これら派生的な二つの誤りについてはここでは立ち入らない。

元々の再生の誤りを除去するならばこの派生的誤りも消えさるのは当然だが、それよりも過去についての視野がからりと晴れて過去なるものの姿がくっきり見えてくる。

まず第一に、想起において立ち現われる過去は再生という二次的出現ではなく、その過去のオリジナルの初体験だということになる（当然記憶像などは無用のものとして廃棄される）。現在知覚の初体験が物の形や色や音といった感覚でなされるのに対して、過去の初体験である想起にあっては五感の代りに言葉によってなされるので人々の目につきにくかったのである。「昨日夕立があった」という言葉で昨日の夕立という過去に今始めて遭遇するのであり、それを示すのが「あった」という動詞過去形の意味機能なのである。一言でいえば、色彩や形によって現在知覚に遭うのと同様、過去形によって過去風景に出遭うのである。つまり、過去形という形でわれわれは過去を経験する（知覚の形で現在を経験するように）。現在において過去を過ぎ去ったものとして——つまり過去形で——経験する。その経験様式が想起と呼ばれる経験なのである。

以上に述べた反常識的な（非常識ではない）想起についての考えを夢の想起に適用してみることは一つの哲学的実験になるだろう。

寝床の中で昨晩みた夢を朝になって思い出す、というのが常識であるが、それを拒否するのである。夢の想起は昨晩の夢経験の再生や再現ではないことから出発する。とするとその夢を経験するのは朝になっての想起が最初にしてオリジナルな初体験なのである。乱暴な言い方をするなら、夢は夜みるのではなく常に朝みたのである。その想起経験での夢は知覚的ではなく――形も色も音も曖昧模糊――言語的であることは多くの人が賛同するだろう。そしてその想起が過去形でなされることも。ちなみに、自分自身の姿を鳥瞰的にみるという夢見の著しい特徴も夢が言語的であって知覚的ではないことを示唆している。自分の姿を鳥瞰して見るという知覚経験は不可能なのだから、それは言語的に考えられたものである以外はない（最近よく話題にされる臨死体験においても同じで、独断的に臨死と称される経験は夢の一種であると思われる）。

夢も過去も言語的想起であることから、夢と過去は共にプラトンの意味でのイデアの世界であると考えたい。なぜならば、われわれの言語は固有名以外はすべて一般名辞であって、普遍概念すなわちイデアを表現するものだからである。夢も過去も数学や物理学と共にイデア世界なのである。

二　過去の実在性

以上に述べた新しい過去概念を支持する論点がある。それは、この過去概念に現在と過去との関係が内含されているということである。物理学のリニア時間では過去は現在の以前であることが当初から既に前提されているが、想起に内在する過去にはその前後関係がビルトインされているのである。何事にせよそれが想起されるときには、それを想起する経験の現在より以前であったという紛れもない相貌を持って想起される。それは想起経験の所与事実である。換言すれば、想起される事柄（ノエマ）はその想起（ノエシス）という現在よりも以前の経験であるという相貌を持っている。現在知覚されている風景には現在只今という現在相貌があるように、そして予想されたり計画されたりする事柄には未来相貌があるように、想起される事柄には過去相貌がある、そしてこの過去相貌が示すことがまさにそれは現在以前であったということであり、それによって想起される過去は、その想起経験より以前であるということであり、それによって想起の過去は現在と時間的関係を獲得するのである。

このことは想起による過去概念がリニア時間の単なる前提である現在以前で定義される過去概念よりも深度の大きい、より基底的な過去概念であることを示すものである。ついでに言えば、ここで述べた想起過去が持つ過去相貌はまた「過去は過ぎ去った」という時間についての根本特性を生む基盤でもある。こういう時間についての内容的な概念を生むに足るものはリニア時間には全くないことはいうまでもない。

しかし、想起による過去が常識的な過去概念に変更を迫る最大の点は恐らくは「過去の実在性」に対してであろう。過去は人間の意識、特に人間の想起などとは無関係に厳として実在した、というのが常識であろう。この過去実在性はそれとペアになる現在実在性が度々論議されてきたのとは対照的に、忘れ去られたように哲学の話題の外にあった。しかし、過去実在性は現在実在性の欠くべからざる伴侶であって、両々相俟ってはじめて実在論の名に値することは誰にも簡単に見てとれる。その過去実在性の弱点をあぶりだすのには、上述の想起による過去概念にバークリィとカントの思想を外挿的に適用してみるのが有効な方法であるように思われる。

バークリィの余りにも有名な「存在とは知覚」を外挿して過去存在に適用するならば「過去存在（存在した）とは想起されることである」となるだろう。そしてこの場合、誰も知覚しないものの存在にバークリィが困惑して神を持ち出さざるをえなかったのに対応して、誰も想起しない過去実在が一層大きな困難を生じさせるだろう。しかし誰にも想起されない過去とはまさに無であると言うべきではなかろうか。かくてバークリィの路線を踏襲する限りは、想起と無関係で想起と独立な過去実在は否定される公算が大きい。

一方カントは周知のように『純粋理性批判』、特に第一版第四誤謬推理において彼が先験的実在論と呼ぶ現在存在を批判して「外的現象を……われわれとわれわれの感性にかかわりなく実際に存在し、それだからまた純粋悟性概念に従って我々の外に存在しているような物自体と見なす」(A 300) と述べた。知覚からそのような物自体を推論するのは不確実をまぬかれないからである(同上)。それに反してカント自身が唱導する先験的観念論は、意識の直接所与である表象をカテゴリーによって結合統一することで科学の客観的対象を構成することによって経験的実在論でありうるというのである。

カントが念頭に置いていたのはもちろん現在存在であって過去存在ではなかった。しかし彼の先験的観念論を外挿して過去存在に適用してみることは試行としてみる限り不都合なことはないはずである。

更にカントが知覚表象を結合総合して現在存在を構成する場合に既に想起表象が使われていることを考えるならば、構成された存在は実は既に過去から現在に至る持続を持っているような存在なのだから、実は過去存在についても持続という制約の範囲では既にその構成が遂行済みだと見ることができる。したがってカントの方法を過去存在に対してどう適用するかを具体的に示すことはできないにせよ、その先験的実在論への批判は過去存在に対しても当てはまると考えても誤りではないだろう。だとすれば、過去存在として「われわれとわれわれの感性にかかわりなく」、すなわち「われわれとわれわれの想起にかかわりなく」実際に存在し、したがってわれわれの外に存在しているようなものを考えることはカントもまた批判的であると言ってもよいだろう。

以上のような哲学史の外挿が持つ説得力は非常に小さなものだろう。しかしヒトが恐らく何万年もの間抱き続けてきたであろう過去実在の信念に僅かながらの疑惑を投げかけることができれば十分なのである。

そしてもしそれが成功して過去実在の否定にまで至ったとしたならば、どのような破局に面するだろうか。過去が実在しないとなればわれわれは一体何を想起しているのだろうか。思い出に浮かぶ故郷の生活は実は存在せず、想起される大戦の空襲も大地震も実在しないとなれば、一体何を頼りに想起がなされるのだろうか。われわれの想起には何の根拠もない、という答を信じ難い思いで受け容れざるをえないだろう。想起には何の根拠もなく、ただ偶然にまかせて次から次へと想起するのだ、と。われわれの過去を否定するようなこの答はわれわれを不安に陥れ、激烈な拒否反応を引き起こすに違いない。しかし気をとり直して静かに検討してみれば事態は始めに思われたほどには絶望的ではない。かつてエディントンがタイプのキーをめくら叩きする猿がシェクスピアの詩を打出す可能性があることを述べたが、それと同様に全く偶然のたわむれからなる想起からも確固とした過去が紡ぎだされることも不可能ではない。実際私たちの想起としての夢はそれなりに筋の通った過去ではないだろうか。そして、一旦完成した詩を見てそれが詩人の作か猿のいたずら打ちのタイプなのか判別できないように、われわれの整然とした過去を前にしてそれが実在の過去の想起の結果なのか無根拠で全く偶然のたわむれの想起の結果なのかを判別することはできない。それは驚嘆すべき精妙さで動く宇宙が全くの偶然の産物なのかあるいは多くの人が主張するように至高の存在による配慮であるかが判別不可能なのと同様なのである。

このことから得られる教訓は、現にわれわれに与えられている確固とした過去から直ちにその実在性を言うのは性急にすぎるということである。そして全く同じ理由から、われわれに与えられている確固とした目前の自然世界から直ちにその実在性を言うのも同じく性急にすぎるということであり、カントが批判したのはまさにこの点であった。

そして現在実在性と過去実在性を合わせたものを素朴実在論と呼べば、素朴実在論もまた急ぎすぎた信仰であろう。これら実在論が抱える困難の中核は「実在」ということの意味がその信奉者にも不明確なことであるように思われる。そのことが一番明瞭に現われるのは過去実在性の意味である。過去実在性ということが何を意味するのか、何を意味させたいのか少なくとも私には全く解らない。

だが、その意味が何であれ過去実在性はその否定と判別できない概念である。少なくともこのことが以上の検討から得られた帰結なのである。だがこの帰結は、ビッグバン宇宙から生物進化、そして日本の歴史や私自身の過去のすべてを無意味すれすれだと考えることを要求する。この空恐ろしい要求に対しては答を保留する他はない。

*
*

自我と時間の双生

自我と時間、この共に人間の最深層部に根ざす二つの概念の間に密接なつながりがなかろうはずはない。しかし、そのつながりは一目で見てとれるように地表に露出しているのではなくて、その大深度での交錯がかろうじて地表の地相に僅かに表現されているにすぎない。そのためその交錯をじかに見るには多少面倒な発掘作業が要求される。トリュフを嗅ぎあてるような鼻を持たないわれわれはただ土を起こして掘る他はない。

一　自我と時間の双生の場所

自我という概念が生れる場所は同時に瞬間としての「今現在」という時間概念の重要な一脚が生れる場所でもある。この自我と時間とが双生する場所というのは何の変てつもないありふれた場所、すなわち日常茶飯の知覚体験の場である。何であってもいい、三次元立体の事物を見る、という状況を考えてみよう。そこではまず、家具にせよ人間にせよ樹木にせよ、また空や道路や大地にせよ、立体である事物が見えている。これは平凡な事実である。しかし、同じく平凡な事実として、その事物の背面や側面、ましてやその内部は見えていない。見えているのはここから見ての事物の正面である。つまり、見えているのは立体としての事物でもあればまたその平面的な一側面でもある。この一種の二重視は日常的には無害で別に気にもとめずにしておかれるが、画家と哲学者には放置できないものである。画家は透視画法という描法によってこの二重視の妥協を図った。つまり、平面的側面を透視的に描くことで立体を描写したのである。哲学者の対応はもっと手のこんだ概念的処理であった。例えばフッセルは平面的側面は立体的事物の射映《アップシャトウング》であり、その射映を見ることでその立体的事物を「志向《インテンディレーン》」するのだと考えた。つまり、これは画家の透視画法そっくりそのままに平面的側面を見ることが同時に立体的事物を「志向的に見る」ことだということになる。フッセルより以前カントは平面的側面の知覚を「総合《ジンテーシス》」することで立体的事物の把捉が得られるとしてその総合または結合《フェルビンドンク》としてまことに込み入った手順を考えたのである。しかしこれらの絵画的技法や哲学的処理が何であれ、それらの操作が始まる以前に既に立体的事物と平面的側面の二重視が了解されているはずである。この二重視の先行的了解では、立体的事物は家具その他の日常的公共事物であるが、平面的側面の方は「私に今現在見えている側面」に他ならない。誰にでも明白なように、これがすなわち自我概念の「私」と時間概念の「今現在」が生れる場所なのである。しかし、だからといってこの二つの概念が雑作もなく犬の仔のように生れてくるわけではない。生れる前に胎児の発育といった生物的過程ではないにしろ概念形成の前史がなくてはならない。まず自我概念の「私」から始めよう。

二 「私」概念の形成

私、という恐らくこの世の中で最も把え難い概念を敢えて把えようとするならば、最も把え易い近似から出発するのが戦略だろう。その把え易い近似は恐らく動作主体としての私だろう。私が坐る、私が歩く、私が足を曲げる、こうした何でもない動作を「する私」には誰もが日常習熟して親しいはずである。ただ注意すべきは、私が歩く、等々の中の「私なるもの」の裸の形にお目にかかることはないことである。熟知しているのは「私が……する」経験であって、そこから抽《ぬ》き出された裸の私ではない。私が歩く、私は背伸びする、等々の経験がいかなるものかは誰もが熟知している。それがすなわち動作主体の経験を熟知していることなのである。伝統的に「自由意志」と呼ばれてきたものも実はこの動作主体の経験に伴なっている能動的自発的な動作の経験に他ならない。動作の原因である自由意志などどこにもない。あるのはただ自由な動作であろう。自由な動作の経験は動作主体の経験に他ならない。

こういう身体動作の動作主体の経験が熟知されているのに対して、考える、悲しむ、等々のいわば心理動作における動作主体になると得体が知れないという感じがつきまとう。動作主体とは別な心的精神的主体があるように思われ、時に「超越論的主観」といった恐ろしげな名で呼ばれることになる。

そのような迷いを吹き散らすために、身体動作と心理動作が緊密な一体を作っているような状況を考える。例えばストローソンが提案した、手紙を書くとか電話をかける、といった動作である。更に読書とか会話とかが好例になるが、球を捕る投げる打つといったスポーツの動作も緊張した心理動作が手足や眼球の身体動作と一体になっている。こうした心理＋身体混合動作の場合の主体としての私はその身体動作主体と別ものではありえないだろう。だから、これら心身混合動作の主体は動作主体である「私」に他ならない。だとすれば今度は球を見る、測る、注意する、カーブだと思う、といった単独心理動作の主体もまた同じ「私」だというべきだろう。こうして、しばしば「認識主観」と呼ばれる心理動作の主体はわれわれが熟知するあの動作主体としての「私」と同一でありその「私」に他ならない、と結論できる。

特に、見る、聞く、等の知覚動詞の主語である私もまた当然、身体的動作主体の「私」に他ならない。一言でいえば、その動作が心理的であれ身体的であれ、また心身混合であれ、「……する」私はあらゆる場合を通じて同一の一つの「私」である。

といって何か私なる「もの」があるように誤解してはならない。様々で無数の「私が……する」経験があり、それらは同一で共通の「私」が……する経験であると了解され、その了解によって同一の「私」のする経験として関係付けられている、ということなのである。

このいくらかわかりにくい状況を印欧語の非人称主語の it に並べてみていただきたい。it rains, it snows, it is fine 等の it はそれぞれ別ものだと言う人はいない。それらは同一の it である。だからといって it という何かの「もの」があると考えるべきではない。特に、雨や雪が降ったり晴れたりする大気の一定領域を it だとする誤りは明白だろう。それと平行的に、様々な動作で動く身体の可動領域である五体を「私」だとする明白な誤りが多少の人にみられる。

さて、二重視の一方である「私に今見えている側面」における主語の「私」はもちろん右に述べてきた動作主体の「私」である以外にはない。だがそれと同時にこの二重視の片方の主語になるという新しい任務によって単なる動作主体は変様を蒙って新しい性格をになうことになる。以上で述べてきたように動作主体は心身混合動作、単独心理動作の主語の役を次々に果たすことによって変様を受けてきているが、それが更に今一度の新たな役割によって今一段の変様を受けるのである。この変様を蒙った後のかつての動作主体には伝統的な意味の慣習に従って「主観」という名が最もふさわしいものと思う。なぜならば、二重視の今一つの片われは「事物が見える」ことであり、この事物の様々が連なっていってやがて「客観的世界」という概念が生成してくるからである。この客観的公共的世界概念の生成の過程は誰にも容易に理解されることだろうからここで多言する必要はないだろう。その客観世界に対して「主観」としての私が形成されるのである。

とにかく、二重視という状況こそ一方に客観的世界、他方にそれに対する主観としての自我、という主観―客観の分画対峙が出現する現場なのである。こうしてかつての単なる動作主体としての自我は、まず認識主観という変様を受けた上で今度は客観に対峙する主観という新たな、そして恐らく最後の性格が付加される。ちょうど免疫細胞が様々な状況に応じた変様をとげてリンパT細胞やB細胞として成熟するように、動作主体として始まった自我は客観に対する認識主観に成熟する。この成熟した認識主観が今日われわれが自分の自我と考えているものに他ならない。

こうして二重視という状況が認識主観という自我概念の誕生の場であった。そしてまた、客観に対峙する自我という概念の誕生を通して時間概念の根幹がここで形成される。

三　時間的前後の判別と主観客観

時間概念とは単一の概念ではなく一次元、連続、過去、等々の様々な関係や概念を一括して一と束にしたものである。その中でも時間的順序、つまり時間的以前と以後という関係がその根幹の一つであることは誰にとっても明瞭であろうと思う。物理学の人工的な線型《リニア》時間tがともかくも時間として通用し、時にはそれこそ本物の時間だと思い込まれるのも、線型時間が時間的前後関係を適確に表現しているからである。

だがこの重要な時間順序は一体どのようにして判定されるのだろうか。

まず、連続的に連なった知覚風景の中では二つの事件の以前以後の判定は一目で決着がつく。人が手を挙げる、車が止まる、奥歯が痛み始める、テレビの音がわめく、これらのうちでどれが最初でどれが最後であるか、その順序はそれら一と続きの風景の中に直接与えられている。その判定には何の苦労もない。しかし、知覚風景のつながりに中断があるとき、例えば休憩や外出や睡眠が入るときには事が面倒になる。そこで時計やその代用品がないときに時間順序の判定が頼るのは私の身体ではないだろうか。まず前節で述べたように客観的世界の概念は既に手に入れている。その世界の中で「私」の身体は運動をしている。その運動経路の上の二点A

とBとに「私が居た」のがどちらが先でどちらが後であったかの判定はその運動の想起の中で与えられる。そこで仮にAに先に居たとする。すると、Aに居たときの私の知覚風景の中のいかなる事件もBに居たときの知覚風景の中のいかなる事件よりも時間的に先である。この判断がなされる理由や根拠には複雑なものがある。特に正式の物理学に先立つ習俗的物理学《フォークフィジクス》が絡むことは間違いない。だが今はそこに立入らないで一時預けにしておこう。とにかく上の判断に頼って中断を含んだ知覚風景の中ででも以前以後の判定がつけられることになる。そして今度はその知覚風景の時間順序を元にして客観的世界の中での事物事件の時間順序がつけられる。以上述べたことに見落しや勘違いは多少あるにせよ、その大筋では間違っていないだろう。

四　線型時間の大失態

今見たように、線型時間tは時間順序を見事に表現する。それはいうまでもなく直線（または曲線）上の点の位置関係が一次元時間順序と同型《アイソモルフ》であるからである。だがそれと対照的に線型時間は過去・現在・未来の時間様態と相性が悪い、というより全く相性がない。時間様態のように内容的に深い概念が線上の点といった単純な概念に表現されるはずがないことを考えれば当然のことである。それにもかかわらず、過現未の三時間様態を単なる時刻の前後関係に圧縮できるように浅薄に誤解して線上の点位置で過現未を表現しようという増幅された誤解を重ねてしまうのが物理学者の思考である。確かにこの誤りには自然なところがあって、アルキメデスをはじめ古代中世のスコラ力学研究者からガリレイやニュートンに至るまでその罠にはまってきた。一つの線を引いてその一点にペンを立てて「ここが現在」、そしてその「こちら側が過去、反対側が未来」と宣言したい欲望は抵抗し難いほど強いものがあって、その誘惑に堪えるには並々ならぬ自制が必要である。

この誤解をまず「今現在」についてから始めよう。

五　今最中から過去以後の今現在

「今現在」についての誤解のすべては「今」とはある時刻を指す時刻名だと思いこむことから始まる。だからやっきになってこの今時刻を指してみようとあがく。しかし、拡がりのないユークリッド幾何学点や幅のない線をインクや紙という物理的事物で描くことができないのと同様に、持続ゼロの時刻点を「今だ！」という声や何かの音で指すことは不可能なのである。物理的事物には必ず幾ばくかの幅や拡がりがなくては存在しえないし、幾ばくかの持続なしでは在りえないからである。困りはてては逆を行けばいいとばかりに今現在の持続時間を測るという狂気の沙汰に走った心理学者もでてくる始末であった（例えばW・ジェームスの「心理学」には「みかけの今（specious present）」というもののあり方として鞍型の曲線が載せてある。鞍型理論という御大層な名がつけられている）。持続を測るとはその両端の間を測ることであり、その二つの「端」はまさに持続ゼロの時刻点で、その端が指しえないというのが騒ぎの発端であることを茫然忘れたあげくである。

今現在を時刻名だとする誤解は恐らく天体や各種の時計による時刻付けが行なわれて、「今何時ですか」という質問が意味をなすようになってからだろう。しかし、この質問が意味を持つためにもまず「今現在」の意味が先立ってあったはずであり、その意味は時刻名ではなかったはずである。

では、時刻名でないとしたら「今現在」は何を意味するのだろうか？

今現在には大きくわけて二つの種類の意味があるように私は思う。その一つは「瞬間」の意味、第二は「今最中」の意味である。

これまで問題にしてきた二重視の状況にあって「私に今見えている側面」と言う場合の今は前者の瞬間の意味である。二重視のもう一方の「事物」の意味には例外的なものを除いてはまず「持続」が不可欠なものとして含まれている。日常的事物は必ず何ほどかの持続を持つ。つまり、既に何ほどかの時間存在してきており、そして幾ばくか存在し続ける、持続的事物である。それに対して「今私に見える側面」という言葉でわれわれが意味したいのは今この瞬間私に見えている側面なのである。その側面は事物のように持続するかしないかとは無関係で、ただこの瞬間に見えてさえいればよい。持続的な事物に対する瞬間的な見えである。こうして二重視の状況での「今」とは「瞬間」の意味であり、「私」という自我概念と一緒に「瞬間」という概念が誕生するのである。こうして生れた瞬間概念に線型時間tが接触してそれを自分の中に取り入れようとする。するとまことに自然な成りゆきとして、瞬間とはt上での極度に短い区間ということになるだろうし、その極小区間がt上の一点に収斂するのは当然だろう。こうして二重視の状況の中での「今」は線型時間上の一つの「点時刻《タイムインスタント》」に成りさがることになる。しかし、「瞬間」の概念には過去に対しての今現在という意味は全然含まれていない。瞬間はただ瞬間であるのであって過去と特異的な関係は全くない。それ故、線型時間t上の一点時刻であるだけであって過去に対して「今」であるというような意味を持ちようがないのである。

そこで今現在の意味を捉えるために「今」という言葉が日常使われている現場に注目する。すぐに目につくのは、「今何をしている?」という問いに答える「今食事中」「今芝刈りの最中」等々「……の最中」という用法である。この「今……最中」の意味のどこにも特定の時刻を指したり暗示したりするものがないことは誰の目にも明らかだろう。「今最中」は文字通り、今自分のしている行為や状態を述べるという仕事をしている。それを少し面倒な言葉でいえば、自覚の言葉であり反省的言明である。そのような意味合いを籠めて自分の行為や状況の「確認」の意味だというのがよいと思う。「今入浴の最中だ」とは自分のしている行為が入浴であることを確認することなのである。ではその確認の意味の「今」は一体時間とどういう関係があるのか、特に過去に対する今現在とどう関係するのか。それは想起という経験の中で現われる関係なのである。それには過去の意味を問うことから始めねばならない。

過去とは何を意味するのか。それは過去を何かの形で経験するときにその経験の中で経験されるはずだ。ではわれわれは過去をどうやって経験するのか。それは過去を想起するという経験の中で経験する。それ以外にはない。「先月彼と食事した」「彼女と会った」、等々の想起経験の中で過去形の形で食べた、会った、という過去を経験するのである。「赤い」とか「音がうるさい」という現在形で赤の色や音のうるささの意味を経験するように、想起の中で過去形の形で種々な過去を経験する。一括して言うなら、知覚経験において現在を経験するように、想起経験において過去を経験するのである。常識では、先行する知覚経験がまずあって、その知覚経験が何かの形で残留保持され（記憶と呼ばれる）、そしてそれが微弱な形で再現再生される（想起される）、とされる。しかし、昨日の腹痛を想起するとき僅かでも腹がしくしくすることがあろうか。昨年食べた魚の味を想起するとき少しでも舌の上にその味がするだろうか。もちろん、その想起によって新たに喚起される痛や味はパブロフ的想像知覚であって想起ではない。想起を保持された知覚経験の再生だとする常識はこの事実を誤認した錯覚だといわねばならない。実際はこの錯覚的常識の逆であろう。想起において、先行した知覚経験が再現するのではなくて逆に、想起される経験が過去の知覚経験であるとして経験されるのである。だからその知覚経験は過去形で想起される。つまり、過去経験（先行した知覚経験）として想起される。それ故この過去経験はその想起で初体験された経験で、二度目（再現）の経験ではない。したがって、その再現までの暗黒のトンネルの中の残留保持（記憶）は下水道的妄想なのである。常識の誤りは、想起される経験に内在する過去性の性格を超越的に先行した知覚経験だと錯覚し、それが想起において再登場するまでの潜伏用トンネルとして記憶保持を捏造したことである。この間違いは知覚の場での古典的な誤りの複製のように思われる。すなわち、知覚される事物の大半が持つ外界的実在性の性格からそのまま外界存在の設定に走るあのお定まりの実在論的コースの引き写しがこの記憶の常識なのである。

さて、右に述べた「確認」としての今現在はそのままでは時間と明示的な接触がない。それが時間と接触して「過去に対しての今現在」となるのは過去想起においてである。

想起において過去形で初体験される過去には一つの根本的な性格がある。事物を見るときには必ずその事物に「手前」があり、手前なしに、つまり距たりなしに見える事物はありえない。

それと類比的に想起される過去経験には不可避的に「時間的手前」があり、時間的距たりのない経験などはおよそ想像することができない。ところがその経験を想起している私はまさに今想起の最中である。つまり、私は「確認」の今現在にある。想起経験の時間的手前とはこの私とその経験との時間的距たりに他ならない。当然のこととして、想起された過去経験は確認の今現在よりも時間的以前となる。故に確認の今現在は想起される過去よりも以後となる。換言すれば、「今……の最中」の意味を持つ確認の今は、それだけでは欠いていた過去に対する今現在という時間様態を得るに至ったのである。

この結果は私が提案した過去想起の解釈の下で得られたものだが、過去経験の再生というあの誤った常識解釈を採っても議論の筋道に変わりはないので同じ結論に達する。このことからも、常識の過去再生と、私が述べた過去想起との違いはただ解釈の相違であることがわかる。実際様々な記憶に関する事実に当ってみてもこの二つの解釈が共に成り立つことがわかる（その詳細はここでは省略）。したがって、どんな記憶現象をもってきてもこの二つのいずれに対する根拠にもならず反証にもならない。

しかし、この二つの解釈によって記憶や時間に対しての解釈が違ってくることは当然である。そういう解釈の違いを代表するものとして、まず運動知覚を、次に時間の流れをとりあげて検討することにする。

六　運動知覚と記憶

運動の知覚、広くは変化の知覚を記憶の典型事例としたのはマイノングやフッセルである。そうした理由は一目瞭然である。彼等が運動知覚のこれまた典型としたのがメロディであるのでメロディを例にとる。メロディの把捉にはもちろんそのメロディを乗せた一連の音の全部が必要であろう。ところがその一部の音が聴こえているときにはそれに先行する音は鳴り終っていて聴こえていない。しかしメロディの把捉には全部の音が必要なのだから、それらの鳴り終った音は何かの形で残留保持されていて適時に再生再現されねばならない。しかし、残留保持されるとはまさに記憶されていることだし、再生再現されるとは想起されることに他ならない。だからメロディの把捉とは記憶と想起との典型的事例なのである、と。それと同時に、メロディの事例に明らかなように、記憶とは過去知覚の残留保持であり、想起とはその再生再現であるという常識のテープレコーダー解釈が更めて強化宣伝されることになる。

しかし、メロディを聞くのではなく楽器で奏したり歌ったりする場合を反省してみれば、メロディの再生と呼べるようなかすかな音が耳の奥や脳の底に聴こえてなどいないことは全く明瞭ではあるまいか。昨日の歯痛を想起するとき痛みの痕跡もないのと同様に音の痕跡もない。

記憶や想起は薄めたり弱めたりした知覚ではない。知覚と想起とは全く別種の作用であることは明瞭であろう。ではメロディの把捉はどうなるのか?

簡単である。メロディの音が鳴り終る。そしてメロディが知覚される。それが全部であって、そこにありもしない残留音とか保持音、そして抑えたような音の再生などを妄想する必要はない。このことは人の話を聞くときに、その中の語音、例えば「オテンキ」という語を聞きとるときのことを考えれば納得がゆくだろう。メロディの場合よりもでっちあげた記憶音等をつっこむ場所がずっと狭いからである。「キ」の音知覚の直前に「オテン」の記憶音がひびくなどという人はないだろう。

聴覚ではなく視覚における運動知覚をとっても全く事情は同じである。走る自動車を横から見ているとしよう。ここでも車の動きの知覚のためには一瞬前の車の姿の記憶と想起が必要だという人がいるだろうか。仮に一瞬前に現在位置より一メートル右手にあった車の姿が何かの仕方で残留して見えているとしたならば、それは現在位置の車の姿にダブるかつながるかして大分長い車が見えることになる。あるいは写真に時々あるように後になびきを流したような姿が見えるのだろうか。ここでも事実は明快に簡単である。右手から車が走ってきた。そして左へ進む運動が知覚される。それで終り、である。心理学の仮現運動《シャインベベーブンク》の実験を思い出してほしい。暗室のスクリーンの異なる二つの位置で、ある時間間隔をおいて次々にフラッシュを光らせる、するとその二点の一方から他方に進む光の運動が知覚される（ときどき映画の原理とされる）。ここで仮に先に光った点が記憶で保持されているとすれば、光の動きではなく二つの光の継時的発光が見えてしかるべきではないだろうか。

こうして運動知覚を検討すると、知覚の保持再生を主柱にする常識の解釈は明らかに不必要で有害な余剰解釈に陥っているのに対して、過去想起の解釈は一切差し出口を控えることによって事実を素直に受けとっている。なぜ口を控えるのかというと、過去想起解釈は意識的明示的に想起された過去についてのみ語り、その背景に暗黙無意識になされる保持とか再生とかの妄想を遮断しているからである。

七　いわゆる「時の流れ」

時の流れの比喩ほどに文化の異なりを超えて確立された比喩は他に見当らないだろう。それはシェクスピアから日本の流行歌に至り、中学生から会社の社長の作文にまで手あたり次第に出現するきまり文句である。それにもかかわらず、いや、だからこそというべきか、この時の流れが何を意味しているのかと尋ねると雲を摑むような話になる。一見意味ありげにみえて、実は無意味なのである。

まず、流れると言われる「時」とか「時間」なるものはどこにもない。「時間」という名詞型に対応する何かの「もの」は何ものでもない。「面積」「体積」「長さ」等の名詞に対応するものがないように。例えば「面積」とは一体何かと聞かれたら、どうするか。面積に関する命題を全部かき集めてきて、面積とはかように振舞うものです、という他はない。そういう命題の数は恐らく限りなくあるだろうから、適当な公理系に組み立てて答えることになるだろう。例えば、二つの図形の合併図形の面積は各図形の面積の和だとか、矩形の面積は二辺の積に比例するとか、曲線図形の面積を出す積分の仕方の指定だとか、そんなものが公理に入るだろう。しかし、集合論でのように誰もが認める（つまり、俺が考えている集合や確率にぴったりだといわせる）公理系を作るのは容易ではない場合がある。しかし大切な点は、運のいい場合には公理系に組みあげられることになる一筋縄ではいかない概念がさりげない名詞で呼ばれている、ということである。時間もまたその一つであり、だから「時間の流れ」といっても、それを液体の流れのように解するわけにはいかない。

時の流れ、というときわれわれは一体何を思っているのだろうか。それに到達するには、到達することを希いながらあれかこれかとさまよう他はないだろう。

時の流れでは流動変化してゆくものは恐らく世界の様子と思えばいいのではないか。世の有様は遠望しようと近望しようと自然であれ政治であれ日常であれ刻々変化している。ヘラクレイトスの言葉を借りてパンタレイと言えばよい。

しかし、パンタレイではまだ「流れ」にはならない。流れというからには勝手気ままな変化流動ではなく整然とした一方向の動きが必要だろう。例えば、現在が次々と過去になる、というのが何か一方向の流れのような気がしてくる。これに較べれば世界現象のパンタレイは現在という時点での瞬間風速的なブラウン運動にすぎない。しかし、まず第一に、現在が過去になる、とは一体どういうことなのか。想起される過去とは確かに「かつて知覚された」（フッセル）経験という性格を持っている（昨日食べたあの菓子の味！）。だからそれは「かつての今現在」である。だから今現在も同様で、やがて過去として想起されるだろう。そう言ってかまわない。しかし、今只今菓子を食べているという知覚経験と、例えば明日想起されるであろう「菓子を食べた」という過去形の経験は根本的に異なる二つの経験である。現在形の知覚経験と、想起の中で過去形で初体験される経験は、言語上は「単なる時称《テンス》」の違いで動詞形を変えただけの違いだが、経験そのものとしては天地の差を持っている。現在経験と過去経験との違いである。この根本的違いを無視して単に言語の小差（テンス）にひきずられて、現在経験が過去経験になるなどというのはとんでもない誤りである。この誤りの方に誘うのは記憶を知覚経験の残留保持と考えるあの常識の解釈である。この解釈では、一つの知覚経験がそのまま残留して想起においてむっくり再出場する。その再出場においては過去経験となっているのだから現在経験が過去経験になるのだ、ということなのだ。一方過去想起の解釈ではこのような誤認に陥る危険はない。ある現在知覚経験があった、つまり、ある現在知覚経験が先行した（今よりも過去にあった）、ということが想起される。ここで「知覚経験が過去にあった」ということが「現在知覚経験が過去経験になった」ということに取り違えられる危険はまずないだろう。

こうして「現在が過去になる」というのは一種の錯覚であるとしか思えない。すると、時の流れの可能な意味づけとして残るのは例の線型時間tしかなさそうである。実際人は半直線lを引いてその端点を現在点pとし、pより右を過去とする。そしてlを右方向に引っぱってゆく。するとlの上に乗っている過去時点はpからどんどん遠ざかってゆく。それを人は、過去が絶えず現在から流れ去る、そして更に現在点pもlに乗せられて遠い過去へと流れてゆく、と言っているのではあるまいか。これは全く無責任な空想である。その右へ流れてゆく半直線lとは一体何を表わしているのか。もちろん時間を表わしている、と答えるだろう。しかし、先に述べたように「時間」なるものがないのだから流れようがないはずである。ここで恐らく人は「時の経過」を持ち出すだろう。刻々過ぎてゆく時刻である。時計の針の進むのを見ればわかる、と。また、事が刻々過ぎてゆく、人が動く、太陽が動く、風が変わるのがわからないか、と。これらは再び例のパンタレイに帰ることである。しかし既に述べたようにパンタレイは高々瞬間風速的ランダム運動しか示さない。そこでまた廻れ右をして線型時間tに戻ることになる。私の探索もここで打ち切ろう。捨てぜりふの結論は、結局のところ、時間の流れというのは線型時間を水源にした長大な空想ではなかったか。線型時間は物理学以前からわれわれを捕えていて今尚われわれを支配している。確かに時の流れは行雲流水諸行無常の感傷と抒情を持っている。しかし、散文化していえば、真空に描かれた長夜の夢だったのではないだろうか。

ホーリズムと他我問題

一 クワインのホーリズム

今さら言うまでもないが、クワインのいわゆるホーリズムというテーゼは、一見極めて技術的で局部的な論点を支点として全局的展望に変動が起きるという、論理実証主義や分析哲学を包括する二〇世紀経験論以前の時代には全く前例のない哲学的事件であった。周知のように、その技術的論点とは、カントに始まる、分析―綜合（analytic-synthetic）の区別についてであった。カントが無造作に考えた、分析判断と綜合判断との区別が、近代論理学（記号論理学）の背景の下で尚かつ維持できるか。維持できない、つまり、分析命題と綜合命題（大ざっぱには、論理的命題と経験的命題）を区別できる説得的議論はない、というのがクワインの有名な "Two Dogmas of Empiricism" という論文の主旨であった。クワインのこの論文が世間でいわれるほどに説得的であるかどうかについては私は若干の疑念を持っている。私のみならず、同じ結論をクワインに先行して提出した Morton White（プリンストン高等研究所）との談話で彼もまたクワインの論点に全面的同意を与えているわけではないという印象を得ている。

しかしそれはともかく、クワインはこの分析―綜合の区別がないことから、分析命題とて無謬の真理性を持つものではなく、経験命題と一体になって経験との適合不適合をためされるものであるという分析―綜合命題の同位的一体性を強調した。これがときには鳴り物入りで喧伝されたホーリズムである。

ここで私は古い議論をむし返して分析―綜合の区分について述べるつもりはない。それは遠からずクワインの遺産の整理が行なわれて見通しのいい形で問題の組み替えが提出されるのを待てばいい、と思うからである。

しかし、クワインのホーリズムを一つの教訓として受けとめて、それをクワインが明示的には関心を示したことのない一つの問題に適用してみる、ということをしてみたい。その問題とは「他我問題」である。

クワインのホーリズム、つまり言語の全体性とか一体性を導きの糸にして他我問題に接近してみたい。それはクワインの興味を惹くことには全くならないだろうが、それでもクワインに対する一つの寄与だと言えば言えないこともないだろう。

二　他我問題

他我問題というとき人によって様々なことが意味されるので私がここで意味する他我問題を明示することから始めよう。

デカルトがコギトと総称した体験は誰にとっても疑問の余地なく明瞭であると信じる。つまり、考える、疑う、感じる、計算する、愛する、等々、心の働きとでもいうべき体験である。これらの心の働きを言う動詞を「コギト動詞」と呼びたい。上にあげたものの他にも、見る、聞く、等の知覚動詞もそれに属することを忘れてはならない。さて、これらコギト動詞が一人称の「私」につく命題の意味は誰にとっても明瞭である。自分のコギト経験が明瞭でないなどとは私には考えられない。しかし、問題が起こるのは、二人称や三人称（一括して「他人称」と呼ぶ）にコギト動詞がついた場合の意味である。他人の一人称的なコギト経験はその他人のものであって私には全く絶縁されている。他人は私ではない、という単純で、だから根本的な理由からである。この、私と他人のコギトの間の絶縁を破る超電導はどんな低温でも存在しない。だから、他人称にコギト動詞がついた命題が一体何を意味するのか私には全く手掛かりがない。したがって、そのような命題、例えば「他人が見ている」とか「他人が苦しんでいる」といった命題は私にとって全くの意味不明である。

　それなのに私はそういう命題を日常茶飯として使っているし、それで用がたりている。

　では一体私はそれらの命題にどんな意味を与えて使っているのだろうか。

　ここで明らかなように、他我問題とは何よりもまず「意味の問題」であって、時々誤解されるように「彼に意識がある、というのは本当だろうか?」といった「真偽の問題」ではない。他の場合と同様、真偽の問題は意味が与えられて後にはじめて起こり得る問題であって、意味に対しては二次的派生的問題であるにすぎない。今では誰もまともに相手にしなくなった古典的な「類推説」はこの点を見落としたことが致命傷となった。類推説とは、私の意識状態、例えば歯の痛みとそれに伴なう痛みの表出である身体的振舞、そして私に観察可能な他人の痛みの振舞、この三項から未知の第四項である他人の痛みが比例式を解くように解として類推できる、というものである。しかし、その第四項の意味が皆目不明であるならば、この比例算術自身がナンセンスになってすべてが一場の夢と消える。

　そこでこの比例式の解法を推論としないで定義とする、というのが哲学的行動主義《ビヘイビアリズム》である。すなわち、他人の歯の痛みを類推するのではなく、他人の痛みを振舞によって定義する、と考えるのである。他人が歯が痛む様々な振舞をする。頬を押さえる、歯が痛い! とわめく、エトセトラ。「その他人は歯が痛い」という問題の命題の意味はそれら痛がる振舞の集合に他ならない、つまり、他人称のコギト命題の意味として振舞の集合を与えるのである。この行動主義の利点は明らかだろう。第一、意味を定義で与えるのだから意味不明ではなくなる。第二に、その意味は他人の振舞集合なのだから私に観察可能である。だから私と他人とを隔てる絶縁を超越とか超電導で飛び越える必要はない。しかし難点もまた明白である。第一に、一人称のコギト命題の意味はプライベートなコギト体験によって与えられるのに対して、他人称のそれは公共的な振舞集合によって与えられるという点で、一人称と他人称の間に公然たる非対称性が生じる。それは私と他人の間にある根元的な違いのためだから当然だと逆手にとるとしても、第二の難点は、そのような他人称コギト命題の意味が、現実の日常生活の中でわれわれがとっている意味であるとは率直に信じ難いという点である。現実には、一人称と他人称のコギト命題の意味の間には非対称性よりもむしろ強い類似性があるとわれわれは感じているのではないか。私の歯痛と他人の歯痛とは原理的に比較不可能であるとしても、その間に何か類似性があると感じているのが事実ではないか。他人の歯痛だって痛みであることに変わりなく、それが振舞でしかないというのは天を恐れぬすりかえではないか。もしそうであれば行動主義の意味論は窮余のとんぼ返りででっちあげられた机上の空論ということになる。

このような、出口をふさがれて詰む直前という状況から脱出する手を探すとすれば、それは王将の近傍だけに眼が釘付けされているのを止めて一息入れ、盤面全局を見渡してみることではあるまいか。他人称のコギト命題というものだけに親のかたきのように視力を集中するのを止め、少し体をゆるめて視線を揺らして全局をスキャンしてみるのである。するとクワインのホーリズムというものが岡目八目の有効な助け舟になる。クワイン自身は他我問題とかかわりを持つなどとは夢にも思わなかったに違いないが、人助け、特に他人愛につながる人助けになることならば拒むはずはないし、拒む権利もない。

三　全盲の達ちゃん

他我問題のホーリズム的状況を尖鋭に示す現実的事態をとりあげる。行動主義理論の最終的難点がその非現実性にある容疑が濃厚であることを考えれば、現実の状況から出発するのが最善だろうし自然でもあろうと思う。

ここに、若くして癌で亡くなった幼稚園の先生が残した記録がある。[*] 生後五ヶ月で全盲になった達ちゃんという園児の面倒をかかりきりに世話した記録である。全盲の子供は盲学校に入れるという常識に反して普通の子供たちの幼稚園に入れられた達ちゃんの困難は誰にも想像できよう。達ちゃんがかけっこをするときにはこの美しい先生は鈴をつけて一緒に走る。そし

＊　渡辺由利編著『全盲達ちゃんと和光』和光学園教育実践シリーズ、一九八六年、星林社。

て達ちゃんは健常な子供と一緒になってサッカーの試合にでたのである。しかし、ヘレン・ケラー物語が目的ではない。ここで大事なのは、全盲の達ちゃんと他の健常児との間に完全な言語的交信があった、という点である。達ちゃんにもその友達にもお互いの会話には何不自由がなかった。もちろん、一人称であれ他人称であれ、達ちゃんの使うコギト命題の意味は完全に了解され、友達が使うコギト命題を達ちゃんは完全に理解した。なかんずく、達ちゃんは「ほかの子は目が見えるけど僕は見えない」、その友達は「達ちゃんは目が見えないけど僕は見える」、という言葉の意味を完全に理解したのである。達ちゃんは「物が見える」ということがどんな体験か全く知らないはずなのに「友達は皆、目が見える」ということの意味を形成してそれを理解したのである。その友達も「目が見えない」ことが何かどんな観念も持たずして「達ちゃんは目が見えない」ということの意味を理解した。ここで注意しておくが、見えないことを暗黒のことだと誤解しがちだが、暗黒は「黒々と見える風景」であって、見えないとは例えば自分の背後が見えない場合の「見えない」なのである。その風景は黒でもなく透明でもなく、見えない風景、つまり風景ではないのである。ここで達ちゃんとその友達は他我問題の難所である自他の絶縁をいとも軽々と飛び越えている。それゆえ、彼等のその飛び方を検討してそれを再編成できたならば、われわれは他我問題の跳躍法を手に入れたことになるだろう。その再編成とは達ちゃんたちをまねて飛ぶことに他ならず、その際クワインのホーリズムが有効な指針を与えてくれるだろう。

さて達ちゃんとにって「目が見える」という命題の意味を体験として臆測することは全く不可能である。しかしこの命題は孤立して単独の意味を持つのではなく、無数の他の命題と意味連関がある。目で見る無数の風景を描写する命題はこの命題を前提としているし、この前提連関は他の五官の場合の前提関係と平行している。また、目で見える風景の中での様々な行動に関する命題、例えば「こちらにくる」、「右手で押す」等々の命題と連関している。これらの命題の大部分は盲目の達ちゃんにも体験的な意味了解が可能である。そして更にこれら諸命題と当の「目が見える」という命題の意味連関を友達との共同生活の中で試行錯誤を繰り返しつつ学習することも達ちゃんには可能であろう。おそらく達ちゃんは体験的に了解可能な諸命題をベースにし、それらと当の命題との意味連関を了解することから、やがて「目が見える」という命題の意味を文脈的に了解するに至る。しかしこの命題の意味を体験的に了解できないことはもちろんである。この達ちゃんの意味了解のシナリオはさして無理でもなければ不自然でもないだろう。私はこのシナリオを達ちゃんの場合にとどまらず他我命題一般の意味了解の基本型シナリオであるとしたいのである。

このシナリオの特徴の第一は、他人称コギト命題の意味了解をその命題単独で孤立させないで一群の了解可能な命題集合をベースにとっていることであり、このいわば集団的了解がクワインの意味でのホーリズムであることである。特徴の第二は、それら一群の既知の命題集合をベースにして、当の命題を体験的にではなく文脈的に了解する、という点である。これは既にお気づきの通り、「電子」とか「力」といった理論的概念の定義に際してB・ラッセルが「文脈的定義」と呼んだ公理論的定義を意味了解に移植したものである。これを簡単に言えば、他人称コギト命題をあたかも理論的概念を含む物理学の理論的命題のようにみなして理解する、ということである。この場合、一目で見てとれるように、物理学の観測命題にあたるのが体験的に了解可能な諸命題であり、観測命題と理論的命題の意味関係に他ならない理論展開にあたるのが他人称コギト命題とベース命題との間の意味連関である。この殆ど自明な配当によって、このシナリオはクワインのホーリズムと一段と強い絆をむすぶことになる。というのは、クワインは言語と経験世界との対応または照合において、世界と直接に接触する経験命題の層が表面にあり、言語内部の理論的命題や論理的命題はその表面層に包まれた言語の全体の中で歪みや亀裂を起こしうるが、それら自身は直接に経験と対応するものではない、と考えた(前記"Two Dogmas")。他人称コギト命題もまた直接的に体験できる意味を持ってはいないが、それら体験的命題群との意味連関のネットワーク構造を通じて直接的体験に接触する。もしその意味が不適切または誤っておれば、それと意味連関する表層の諸命題に何かの歪みや変位が生じて経験との接触面で異常が生じるだろう。つまり、言葉にさし違いやゆき違いが起きて問題が生じることになる。達ちゃんはその友達との交信に困難を感じることになる。

他人称コギト命題のように直接の体験的意味理解が困難な命題も、経験と直接接触する諸命題との意味連関の中で理解することはできる、これが文脈的意味理解なのであって、その理解された意味を「文脈的意味」*と呼ぶことにしよう。

この他人称コギト命題はクワインにおいての論理的命題と同様に、経験との直接的接触面よりも深い深度に位置して、その接触面からの波及的意味を積分的に受けることになる。その積分的に合成された意味が体験的ならぬ文脈的意味なのである。そのような命題をその特性が深度にあることから「深層命題」と呼び、それにならって「深層概念」という名も使用しよう。

四　深層概念のあれこれ

深層命題であるという点からみれば他人称コギト命題以外にも種々なものがある。既に述べたように、科学の理論的命題が典型的な深層命題であり、まさにそうであるからこそ、その経験的意味について長い論究をうけてきたのである。

* 最近のアメリカ哲学者たちが“conncеptual role”と言っているのもこの「文脈的意味」に近いと思われる。

しかし、科学の理論的命題に近接する命題や概念でありながら、何かの理由や偶然から純粋にそれであるとは認定されないままに、その経験的意味についての疑念だけは同様に持たれたものが若干ある。これらに対して前述してきた他人称コギト命題の意味了解のシナリオが有効であることを示すことで、元々の他我問題に対するこのシナリオの信用を高めたいと思う。始めに、いわゆる「個別的事件の確率」という概念をとりあげる。個別的事件、例えば明日の雨降り確率が七〇パーセントということと六〇パーセントという確率との何れが正しいかを決着させる明日の気象的状況は考ええない。降っても晴れても小降りでも何の関係もない。「明日の降水確率がaパーセント」ということに対応する経験的事態はないのである。つまり、明日の降雨確率といった概念には経験的意味がないように思われる。しかし、前節のシナリオの型を追って、経験的意味が明確な「頻度」命題の集合をとり、それら頻度命題と個別的確率命題との間の意味連関、例えば「xなる気象の翌日の雨の頻度は七〇パーセント」という意味明確な頻度命題と「今日の気象はx」という経験命題から「明日の雨確率は七〇パーセント」なる個別確率命題を演繹するという意味連関を通して後者の深層命題の文脈的意味を了解する、このシナリオは気象台の職員の実践と一致すると共にケインズ、フォン・ミーゼス以来の個別確率の困難を克服できたものと思われる。このことは、量子力学の確率概念にも新しい解釈を与えることになる。それはポパーの提案の「propensity」などよりずっと有望であろう。今一つの事例は、知覚的に理解するには小さすぎるミクロンやミリミクロンの長さとかナノセカンドのような短時間、逆に大きすぎる千光年といった長距離や地質学的長時である。それらを知覚的に意味了解することはできないし了解してもいない。しかしそれらの意味了解は前述のシナリオに従ってなされている、と考えるのが一番自然ではあるまいか。すなわち、まず数センチとか数秒といった長さや持続を知覚的に了解する、次にそういった知覚的な距離や時間と微小距離や微少時間との間の意味連関を了解する。その意味連関の主要部は加減や比例の算術的関係である。そしてこの知覚的ベースの了解と意味連関の了解とから非知覚的な微小距離や微少時間の文脈的意味を理解するに至るのである。これはかつての論理実証主義者が科学的理論概念に何とか経験的意味を付与しようと踏み迷って乱したマウンドを更めて均らしたもので、論理実証主義の辛辣な批判者であったクワインの路線の自然な継承であると言えよう。したがって、論理実証主義者からその経験的有意味性の欠如を疑われて時には略式裁判で形而上学的概念だときめつけられたあれこれ無実の概念にも、このシナリオを適用することが公明正大な司法というものだろう。

犠牲者の一人は周知のようにフロイト心理学である。彼の「無意識」に属する「イド」や「超自我」や「リビドー」といった諸概念は元々経験的意味を欠くものとして意図されている。その点を形而上学的空虚として論難する代りに、これまで述べてきた「深層概念」として理解してみてはどうだろうか。これまでのシナリオ通り、まずベースになる経験的意味を持つ概念の集合を了解する。それにはヒステリーに始まる一群のフロイト的ジャーゴンがある。それらはそれぞれ超自我その他の深層概念と意味連関を持っており、この意味連関をフロイトの著作から集めてくるのは困難ではあるまい。こうして例の通り問題の深層概念の文脈的意味を理解する、という仕事は私のものではなく精神分析家のものである。

ここで深層概念のあれこれに拡散しかけた焦点を今一度他我問題の上に戻そう。

五　他我命題の意味形成

問題は他人称コギト命題、例えば「彼は歯が痛い」が深層命題であって、それに対応する一人称コギト命題「私は歯が痛い」のような体験的意味を持ちえない所にある。私は彼と別人である限り彼の体験を体験的に想像したり理解したりすることは論理的に不可能である。そこでこの深層命題を既に体験的に理解可能な諸命題との意味連関を通して理解しよう、これがホーリズムのシナリオである。他の命題との意味連関を通して深層命題の意味を理解する、ということは結局、その意味連関を理解するということに他ならない。つまり、他の命題群との意味連関を理解するということとそのことが当の命題の意味を理解することなのである。その命題に固有の意味が独立してあるのではなくて、他の命題との意味関係のネットワークの中でその命題が占める位置がその命題の意味に他ならない。こうしてクワインの当初の意図を超えていわば意味のホーリズムを考えるのが私のシナリオである。ここで問題の深層命題との意味連関が考えられる命題群を「命題ベース」と呼びたい。それらを経験との接触のベースとしてその上に張りめぐらせた意味連関の網構造が深層命題の意味だと考えるからである。

命題ベースとしてはまず一人称コギト命題を採る。この体験的な意味を持つ一人称コギト命題と問題の他人称コギト命題との間には言うまでもない自明の類似性または類比性がある。この類比性が問題の他人称命題とその命題ベースである一人称コギト命題との間の意味連関に他ならない。われわれはこの類似性という意味連関を苦もなく理解しており、それによって他人称コギト命題の意味形成の骨格としている。こう考えることによって、他我問題の伝統的第一歩であった類比説の意図を新しい概念装置の中に吸収することになる。次に吸収を試みるのは行動主義的アプローチである。彼は歯が痛い、ということの意味は彼が様々な歯痛関連の振舞をするということである。この行動主義的意味論に応じるために命題ベースとして歯痛関連の振舞を叙する命題群を採るのは至極自然であろう。そういう命題の一つ、例えば「彼は頬をおさえて呻く」という命題と「彼は歯が痛い」という他人称コギト命題との意味連関は明らかに内含関係（implication）である。更に、私自身が歯が痛いとき誰か他人が私に「君は歯が痛いんだね」と言うとき、私は立ち所にその二人称コギト命題を一人称コギト命題と同意味にとる。そして今度は私が他人にこの二人称コギト命題を発言するとき、その他人は私と同様にそれを(彼にとっての)一人称コギト命題と同意味にとるであろうと推量する。これもまた意味連関の一つである。

こうした意味連関の理解は問題の他人称コギト命題の意味形成にそれぞれの命題ベースとそれぞれの意味連関の性格に応じた寄与をする。こうして問題の他人称コギト命題に与えられる意味は様々な命題ベースと様々な意味連関から複合的に構築されたものである。われわれは日常この複雑な構造を無頓着に事もなくその意味を理解しているが、その意味が持つ錯雑さは理論物理学の命題、例えば「分子が光子を吸収する」という命題の錯雑さに匹敵するものがある。

このシナリオが行動主義的アプローチにまさるのもその錯雑さに負うている。行動主義は他人称コギト命題の意味を一群の行動命題集合の意味に余りにもあっさり単純に等置してしまう。そのために、例えば彼の歯痛がその歯痛振舞に縮圧されてしまったり、私の歯痛との間の類似性が掩蔽されてしまうのである。それに対して私のシナリオは、彼の歯痛とその振舞との意味関係をそのまま取り込んでいるし、私の歯痛との類似性も保存されている。このシナリオの特性は日常の意味理解をそっくりそのままに記述しようとする点にあり、人工哲学的に再構成しようなどということは一切しない。したがって日常生活の中の他者了解のありのままを目指している。

六　おわりに

以上で他我問題について述べてきたシナリオは他我問題に特有なものではなく、かなりの一般性を持っていると考えられる。例えば、これまで明確な分析を拒んできた反事実的条件法とそれに伴なう傾向命題（disposition sentences）にこのシナリオを適用すれば興味ある結果が得られるだろう。しかしそれよりも遥かに重要なのは、「私」という自我概念の解明にこのシナリオが有効であると思われることである。私、という最も日常茶飯の概念が持っている思いがけない陰影と錯雑、その把え所のない奇妙な深さはそれが代表的な深層概念であることをにおわせる。この表面上は最も平凡で経験に密着した自我の概念を見かけよりも遥かに深い所にある概念として、一つの理論的概念として考える、それは将来の問題としてここでは立ち入らない。だが今言えることは、一人称と他人称という「人称」、ひいては「ひと《パーソン》」という概念がその外見の平易さとは裏腹に、錯雑した構造を持った深層的な理論概念である、ということである。

いずれにせよ、クワインのホーリズムを元来の意図を遥かに超えて拡張してきたようである。

しかし、クワインがホーリズムで意図したことは視野の拡大そのことであったと思う。"Glimps beyond"、彼の主著の一つ"*Method of Logic*"の最終章に彼がつけた題目がそれに他ならない。昔これを私は「前途瞥見」と訳した。

理論概念としての自我と他我

一　問題と方法

自我の概念と他我の概念の解明は恐らく最も困難な哲学的作業に属する。自我概念の把え難さは単に哲学者のみではなく、一度でもそれを試みたことのある人は骨身にしみているだろう。そのあげくに無我論に避難することになる人は仏教思想家の他にも数多い。一方、他我概念の方は、いわゆる分析哲学のサークルの中で問題にされてきただけで一般的な関心を惹かなかったが、そのことは何も他我の概念が限られた思考様式の中だけの問題でしかないということではない。それは単に他我概念の問題性が誰の目にも見えるほどにはあけっぴろげではないというにすぎない。

しかし他我概念が自我概念の至近距離に立っており、むしろこの二つの概念が一つの対《つい》を作っていることは誰の目にも明らかであろう。私はむしろこの明白な連関性から出発して自我と他我の両概念をそれぞれ単独に追究するのではなく、両者を交錯させながら並行に検討することで、その相互的照り返しの中で幾らかの明るみが得られることを期待したい。

実際、この二つの概念の困難性の原因が既に両者に共通している。自我も他我も共に全身丸出しで経験の中に露出してはいない、いわば経験的に蔽われている、このことがこの二つの概念の把握を困難にしている。自我も他我もありふれた山川草木のように目の前に引きすえて、さあこれが自我です、それが他我ですと示すことができない。しかし、といって自我と他我は全く隠れて目に触れないというわけではない。自我は常にここに居て片時も離れることはないし、往来にでれば好きなだけの数の他我が行き来するのを見ることができる。

こういう中途半端な所、直接じかに経験できないが何かの形では実はいつも経験している、こういう不消化な所は考えてみればわれわれに珍しいものではない。というのは科学の基本的な概念は大体どれもこういう半ぱな所を持っている。原子、分子、熱、力、電気、磁気、エネルギー、エントロピー、これらはどれも直接知覚することはできないが色々な自然現象の形の中に現われている。そういう中途半ぱな所こそ、むしろこれら理論概念の持つ特性なのである。すなわち、それ自身が直接経験されることはない、しかし様々な経験可能な現象の中に内含的《インプリシット》に現われている、という特性である。この特性を次のように言っていいだろう。理論概念は内含的に経験可能である、と。

するとこの特性において理論概念と同様である自我と他我の概念もまた当然内含的に経験可

能なのである。

このことから出発して、自我と他我の概念を共に理論概念として眺めてみたいのである。物理学のかなり高度な理論概念に比べると、自我や他我とかの概念は全く日常的なありふれた概念で、それらを理論概念と同等にあつかうのは恐れおおいとか厚かましいと感じる人もいるかもしれない。しかしここでは、勿体振った身分差別や礼儀は一切無視すべきであろう。むしろ、そういう常軌を逸したあつかいをすることでかえって思わぬ利得があるかもしれない、と考えた方がいい。

こうして、自我と他我の概念を理論概念として見る、というのを一つの方策とする。こうして目指すのは自我、他我両概念の意味の解明である。概念や意味が哲学的作業の中核であるとしてきた分析学派には、意味解明の手法として様々なものが考案されてきた。ラッセルの論理分析、ライヘンバッハの意味の再構成、そして近頃PRが激しくなったウィトゲンシュタインの言語ゲーム等はその中でもよく知られたものである。しかし論理分析は数学的論理的概念の解明に向いているだけに自我とか他我のような野生的概念の解明には技巧的にすぎるし、言語ゲームは警句的ショックには適当であるが正攻法にはなりにくい。そこでわれわれの問題である自我・他我概念の意味解明に当たっては別な手法を採用する。発生論的方法とでも呼ぶべき手法である。

自我と他我の概念は数学的概念や科学的概念とは違って人間生活の中で自然的に発生しその超長期の歴史の中で成長発育してきて更に現在尚使用されている自然発生的な野生概念である。それ故、それらの意味は解明などされる以前にすべての常人によって熟知されている。その熟知されている意味を殊更めて解明するには、この万人周知の意味がどのようにして生成してきたかを擬似歴史的に提示するというのが、最適とまでは言えないが適切な方法ではないだろうか。それを発生論的方法と呼んだのである。ここでその意味の生成の歴史が事実的に正しいか否かを知ることはできないし、その必要もない。その仮想的な生成史の結果として得られた自我と他我の概念の意味が現在使用中のものに十分類似しており、更にこの両概念をめぐる様々な疑惑や疑問に十分答えうるものであればそれで成功と言うべきだろう。それによってこれらの概念のからくりが幾分なりとも見透せるようになれば、それを意味の解明と呼んでもおかしくはないだろうからである。

二　自我の意味の発生と成長

自我概念の検討の出発点として動作主体としての自我から始めるのが一番自然であろう。それこそ人間生活の中で最も基底的に働いてきた、そして今も尚働いている自我概念である。もしも自然概念の系統的進化の図が描けるとすれば、動作主体の概念がその背骨に当たることは間違いない。それに対して認識主観とか超越論的主観等々の哲学的自我概念は遥か後世の分枝をなすにすぎないだろう。

私が歩く、私は坐る、……こうした様々な動作において、われわれは身体の意志的動きを経験する。しかしその経験のいずれにおいてもその動作をする私という動作主体を直接に経験することはない。しかしその反面、千差万別の動作の各々が「私がする動作」として経験されている。この意味で、動作主体としての私は前節で述べた内含的に経験可能な概念なのである。そして、これら無数の動作経験からそれらの動作の主語としてその動作主体の意味が理論概念として抽出形成される。この操作はこの場合「主語自立化」と呼べるだろう。それは熱の伝導、移動、発生、消滅等の様々な熱現象から「熱」という理論的概念が主語自立化として形成されるのとまったく平行的である。熱の場合には、この主語自立化がオーバーランして熱の意味に不当不必要な実体物質化がフロギストンの名の下で含ませられたという誤りに陥ったのに対して、動作主体の意味の中にもともすれば実体的契機が混入する危険が絶えず存続している。いうまでもなく主語自立化によって意味形成される動作主体の意味の中にはただ動作の自発的主体性以外の異物の混入があってはならないが、現行の動作主体の意味はほぼ必要な純度を保っていると言えるだろう。

しかし、動作主体の概念としては今一つ別な意味も可能であることに注意しておく。それは、動作を物体運動としてみることからその動作の基体としての身体を動作主体の意味とする途である。この途に沿って形成された概念には、例えば人間集合が変化する隊形を取る場合の主語としての「中隊」とか、様々に変形可能な物質系としての「アミーバ」や「細胞」の概念がある。これらの概念にはそれぞれの有用性があるように、身体を意味とする動作主体の概念にも限られた状況での有用性があり、現に日常生活の中でも働いている。

自我概念の主流である動作主体の意味はやがてその成長に伴なって身体自我の意味をその中に包みこむようになる。というのは、動作主体がその動作によって動かす手足胴等の身体部分を所有格によって所有するようになる。始めは純粋な動作主体の意味だけであった「私」の概念に「私の手」「私の足」などの意味が付加されて拡大される。つまり、動作主体の意味が拡大されて身体の所有者の意味を含むようになるのである。更にそれに殴られる、押される、嫌われる等々の受身の対象（対格の私、me）としての意味が付加拡大されて、現在通用している「私」の意味におおよそ等しい自我の意味が形成されると考えるのは自然ではなかろうか。ここで所有格の意味と対格の意味はやはり身体運動の経験と殴られるその他の受身の経験集合から理論的概念として形成されてくることはもちろんである。それ故に、こうして形成された動作主体の所有としての身体と身体自我とはその意味が異なる。ただ「動作主体の身体」と「身体自我」とが同一の物体（五体）を指示するだけの関わりがあるにすぎない。この二つの概念の相違は次の段階で一層明瞭になるだろう。その段階とは心的自我の意味形成の段階である。

これまで考えてきた肉体動作に対して心的動作とも言うべき経験がある。数える、考える、想像する、愛する、等々デカルトが一括して Cogito《コギト》 と呼んだものである。肉体動作の経験から主語自立化によって理論概念としての動作主体の意味が形成されるのであれば、当然のこととして、コギト経験から同じく主語自立化によってコギト動作主体の意味が形成されておかしくはない。

ここで大切な問題が生じる。このようにして意味形成された肉体動作主体とコギト動作主体は同一であるのか、それとも別々のものだろうか。ここでもし右に述べた身体自我が強力な自我概念であるならば、それとは別にコギト動作主体が考えられる方向に向かうだろう。事実この途に向かえばコギト動作主体が身体動作主体と区別されて「精神」とか「心」と呼ばれることになる。お定まりの自我の心身分裂の二元論の途である。

しかし、右に述べた動作主体の主流的意味の場合には事情は全く異なるだろう。そのとき、身体動作とコギト動作が共在協働しているような心身協働の経験を考えてみよう。例えば町中を歩く経験である。このとき身体動作と共にあちこちを「見る」とかあれこれ「考える」というコギト動作が共在している。中でも前方や側方を見ることなしに歩くことはありえない。このとき歩く動作の主体と、見たり考えたりする主体が別々のものとして主語自立化されるとはまず考えられない。そうではなしに当然、歩く動作経験に見たり考えたりのコギト経験を加えたより広い経験から主語自立化によっての動作主体の意味形成がなされるに違いない。つまり、一にして同一の動作主体が心身両動作をする自我という意味が作られる。このことから今度は、純粋なコギト動作だけの場合にもその動作主体は身体動作主体そのものと同一ということになる。もしコギト経験の動作主体を伝統に従って「認識主観」と呼ぶならば、認識主観とは実は身体動作主体に他ならない、ということになる。

このことを裏から言えば、身体動作主体として意味が形成された自我の概念に認識主観としての意味が付加されて、より強力な自我の概念に成長発展したことになる。それは始めは単なる力学的エネルギーという意味で形成されたエネルギー概念が熱エネルギー、電磁エネルギー、核エネルギーと次々に新しい意味が付加されて今日の強力豊富なエネルギー概念に成長発展してきたのに似ている。自我という理論的概念もより広い経験領域に連関づけられてゆくに従って成長を遂げてきたのである。

この自我が理論概念であることによって、まず第一に、この自我がどのように手足を動かすのかを見たり感じたりすることはできない。つまりこの自我の動作するのを直接知覚することはできない。しかし第二に、この自我のする動作、例えば歩行の動作は隅から隅まで経験できる。一言で言えば、その歩行経験を「私が歩く」ものとして経験するのである。それはちょうど水の凍るのを H_2O 分子の立体的配列換えとして経験したり、お湯の沸くのを水分子の動きの激化として経験するのと同じである。こうして経験される歩行を、われわれは「私が歩く」という言葉で発話し、そして他の人々によって理解される。それは歩行動作についてのみではなく、あらゆる動作についても同様である。それら無数の言語交信が社会の中で成功することによって、この動作主体の意味は強化され、その流通が促進される。もしもその交信が破綻したり停滞したりすることが数多くあったとしたら、この概念は様々な訂正や改造を受け、それでも改善されない場合は流通が停止されて忘れ去られることになっただろう。しかし、幸い動作主体の意味は成功によって益々強化補強されるとともに更に新しい意味を付加しながら成長してきて、まず所有格（my）と対格（me）の意味を付加され、ついで認識主観の意味を獲得するに至った。現在われわれが使用する自我概念の意味は、こうして出来したものとして理解できる。

言語的に言うならば、「私は……する」という文型が社会の人々に繰り返し使われることによって「私」という概念が強固な位置を占め、そして自我の実在性が社会に定着するのである。科学的対象や宗教的対象が度重ねて口にされることによって実在性が強化されるのと変わりがない。繰り返し語られることによる実在性というものがあるのである。

三　理論概念としての個別確率

右の自我概念の延長に他我の意味が形成されるのを述べる前に理論概念の挙動を見るために、その一例として個別確率の検討を検討してみたい。それが理論概念としてあつかうことの有効性をよく示すと思うからである。

「明日の雨の確率はaパーセント」、こうした天気予報を殆ど毎日聞いているが、少し考えるとその意味は決して明瞭ではない。明日雨が降っても晴れてもこの予報が当たったことにもならないし外れたことにもならない。だが、当たりも外れもないものを一体予報と言えるのだろうか。気象庁の予報官は恐らく「現在の気象と似た条件の天気ではaパーセントが雨だった」と言いたいのだろう。だがそれは過去の統計的事実であって、明日のお天気の話ではない。では、明日のお天気のような個別的事象の確率とは一体何を意味しているのか。これは天気予報だけの話ではない。薬物の効き目、手術の成功率といった生死の問題であり、一方では量子物理学の確率解釈での中心概念なのである。そこではある状態関数の状況を測定するときにある固有値が得られる確率、あるいは一箇の放射性原子が放射崩壊をする確率が語られ、それらはまぎれもなく明日の天気の場合と同様に個別確率の概念なのである。この個別確率の意味をたずねあぐねてケインズその他の人は信念の度合というような心理的解釈にはまりこんで、それを主観的確率と称したが、それで満足する人はいないだろう。野球チームの監督が確率野球とか称えて使うくらいのところである。またサイの目が出る1／6とかコインの表が出る1／2とかという、いわゆる先天（先験）確率は何を意味するとすればよいのだろう。私の提案は、これら個別確率を理論概念として考えるということである。そうすれば、天気予報の確率にもサイの目の確率にも経験的意味は全くないことが当然となる。しかも、例えばベルヌーイの大数法則、すなわち、個別確率 p なる事象の試行数が無限に増大すればその事象が起こる頻度は p に収斂するという法則によって、頻度という観察可能な経験的意味に結びつく。サイの目の出る先天確率も、それはサイを限りなく多数回投げてその目が出る相対頻度であるという意味にとればよいことになる。理論概念を経験的統計概念に結びつける法則は今日では大数法則をその特殊例とする複雑な極限収斂法則であるとしても事の本質に変りはない。個別確率を理論概念だと考えれば、それを経験的概念に結ぶ何かの関連があるならば個別確率は上述した自我の概念と同様に内含的に経験可能な意味を持つことになる。

このように個別確率を理論概念とする考え方を量子論の確率解釈に適用するならば、現在なお多くの人を悩ませているあの観測問題にも、僅かなものとはいえ、幾分の寄与をすることができないものでもないように思われる。というのは、観測によって状態関数に不連続な変化

(収縮と呼ばれる) が起きると考える必要は必ずしもないと言えるかもしれないからであるが、ここでは立ち入ることは差し控えておく。寄り道が長くなりすぎるからである。

しかし確率概念の他に理論概念と見ることの利点が明白なものがある。その一つは何オングストロームとか何万光年とか知覚不可能なまでに微細または巨大な計量の意味である。それらの計量を理論概念と考えるならば、それらが知覚可能な計量と実数的連続性の関係によって接続され、それによって経験とつながる意味を獲得する。実際これらの計量をわれわれはそのようにして理解しているのである。例えば五オングストロームは知覚的にどれほどに見えるかはわからないが、一メートルの百億分の一、一ミクロンの一万分の一として理解している。

次の事例はフロイトの精神分析の概念である。周知のようにフロイトの深層心理学では無意識の願望、抑圧、転移、等々定義上から経験不可能な概念が主役を務める。そうしたことに無神経で無批判的に盲従して宣伝解説に熱中する人が多い一方では、それらを非経験的な形而上学であると弁解無用とばかりに拒絶する実証主義者もまた珍しくない。しかし、超自我、イド(エス) 云々といった問題の概念を理論概念としてあつかうならば、こうした両極端に走ることを避けて公正で穏当な視点からフロイト心理学をみることができるように思う。それら無意識の諸概念はやがて意識可能な経験、例えば身体障害とか神経症状を引き起こすのであり、催眠とか連想といった治療手段によって経験可能な表現にまで持ちきたすことができるのである。

そうした経験の表層に連結するものとして深層にある概念の意味を理解する、それがそれらを理論概念として把えることなのである。別な面から言うならば、それ自身は経験不可能なエスとか超自我とか抑圧とかいう概念を使用して、例えば神経症経験を描写し、更にその描写を経験的に実証または反証することである。

このことから当然、理論概念の意味にはある制約または限界が課せられる。つまり、理論概念の意味は、それが経験を描写する仕方によって規制されるし、その経験を描写する限りにおいてしか有意味ではない、ということである。だから、フロイトの理論概念は神経症とかヒステリーとかという幾らか病的な経験の描写の中でのみ意味を与えられて、その範囲を逸脱しては無意味になるのである。前節の主題であった野生的自我概念は、日常生活の全域において形成された意味を持ち、その意味はまた日常生活の全域で絶えず試され評価され、必要に応じて修正を受けてきた。だから野生的自我の意味は淘汰をくぐりぬけた適者生存の結果として強固になり、生活の中で確認され確立している。それに対して、例えばフロイトの超自我やエスの概念は病的に限局された範囲の中でのみ流通できる意味を持っている非常に特殊な自我概念であるから、ただフロイト信奉者の間で流通するだけであって一般的流通は望むべくもない。

以上で三、四の事例での理論概念の作動方式を検討してきたが、本題に戻って他我問題に向かうことになる。

四　他我概念

シュリックの言葉を借りれば、哲学で他我問題に費された莫大なエネルギーはスキャンダルと呼ばれてもおかしくない。だが、他我問題をそれほどまでに難題にしたてた原因は決して難解なものではなく、どちらかと言えば単純素朴な事情である。

自分以外の他人の経験を私が経験することはないし、経験することは論理的に不可能である。その理由は単に、私は私であって他人ではない、ということにすぎない。私は他人ではないのだから他人の経験を私が経験できる道理がない。しかし、それならば他人の経験、例えば他人の歯痛とか赤色の知覚とかは私には想像を絶したものであるはずになる。それならば歯痛とか赤知覚とかという他人の経験を私は一体どう理解すればよいのか、いや一体理解できるのだろうか。すなわち一言で言えば、他人の経験を私はどういう意味のものとして把えられるのか。

これが他我問題の核心であり他我問題という病気をひきおこす病因なのである。この病因を言い直せば、私が経験不可能な他人の経験とは一体いかなる意味を持つのか、いや持ちうるのか、ということである。それに対して私は、他人の経験は直接経験できないものであるが内含的には経験可能である。すなわち理論概念としてなら理解できる、と答えたいのである。

もともと哲学が何を言おうと難点を幾つあげようと、他我概念は日常社会で立派に流通していることは哲学者の目にも明らかである。当然、社会の健常人は他我の意味を十二分に理解し承知しているはずである。他我問題なる問題は哲学者がでっちあげて仲間の間でだけ伝承してきた哲学病の一つだと言って差支えはない（全く同様に普遍問題もまた歴史の長い哲学病である——本書最終章「風情と感情」）。このことからして、もし他我問題に解決があるとしたならば、それは健常人が日常理解している他我の意味を順を追って構成して提示することはその一つであろう。つまり、健常人がどのような経験を辿って他我の意味を作成してきたか、その他我の流通している意味が発生し成長し成熟してくる過程を提示するならば、他我問題という頑固な哲学病はその症状をいくらかなりと和らげるのではなかろうか。この民間治療に類するやり方が一節で述べた意味の発生論的方法に他ならない。

他我問題の初期、まだそのてごわさが理解されていなかった頃、類推説という解答が提出された。一言で言えば、自分の経験から他人の経験を類推する、という自然ではあるが安易な考えであった。しかし、その類推さるべき当の他人の経験の意味そのものが問題であるとき、それをめくらめっぽうに類推しようというのは、いわば死後世界を生前世界から類推するというのに等しく、類推説はたちまち支持を失った。しかし振り返ってみれば、自分の経験から他者を類推するというそのデザインの骨格に誤りはなかったように思われる。

そこで一つの経験、例えば「見る」という経験をとってみよう。「私が見る」という経験は私自身が十分よく知り尽くしている経験である。つまり、私が見る、とは何を意味するか私は十二分によく知っている。このよく知られた意味を核としてそこから出発して「彼が見る」という、私に知ることができないはずの経験の意味をどういう風にして形成してゆくか、それを考えるのが意味の発生論なのである。

この点での類推説の失敗の最大の理由は、「見る」というようなただ一種類の経験を単独に他者に類推しようとする所にあると私には思われる。そうではなく、私のコギト経験の全部を一挙に拡大すべきなのである。他者は私の経験の全部に匹敵する経験を持つべきものだからである。それも一つ一つちびちびとではなくて全部を一挙に、である。

そこで出発点として私の経験の全部の集合を考える。このときこの全部の要素経験は互いにバラバラではなく、多岐にわたる複雑な関係を持っている。「見る」という経験は聞いたり触れたりする他のコギト経験と関係し、「目を向ける」、「首を立てる」といった動作経験とも関係する。これらの関係はすべて意味上の関係なのだから、これらの関係の総体を意味の回路網と呼ぶことができよう。経験の間の関係をそれらの経験を述べる命題の間の関係として見るならば、それは命題の意味の回路網ということになる。私の言語使用能力がある程度になれば当然この意味の回路網を熟知しているはずである。

私が十分理解しているこの意味の回路網を他者に移転適用するのが次の目的である。そのためには回路網の要素経験をすべて私の経験から他者の経験に置換しなければならない。言語的には、「私が見る」等、私の経験を述べる命題の主語の私を彼と置換して「彼が見る」等とするのである。この操作を彼我置換と呼ぶことにする。問題は彼我置換した命題、特に「彼が見る」のようなコギト命題の意味を私は経験的に理解していない、ということである。

しかしそれらの命題を理論的命題として理解することは可能である。なぜならば、素粒子や場や力といった理論概念を含む命題を理論命題として理解するということは、近代科学の学習で十分習熟していることだからである。またユークリッド幾何学の公理系において点、線、等のいわゆる未定義概念《プリミティブノーション》を含む命題を理論命題として理解してきているからである。

もちろんそうした理論命題としての理解が可能なためには、理論命題と意味関係を持っている経験命題が数多くあって、それらが理論命題を支持している必要がある。だが先ほど彼我置換した意味の回路網にはそのような経験命題が数多く含まれている。その多くは「目を開く」とか「首を立ててそちらに向く」といったような彼我置換された動作命題であって、それらに着目して他我問題に答えるべく哲学的行動主義が提案されたことを知る人は多いだろう。それらの命題は私にも誰にも観察可能な経験命題であって、行動主義はそれらによって他者のコギト命題を定義しようとしたのである。

しかし、行動主義のそのような短絡は他者のコギトの強引な人工的定義に導くことになる。たとえば「彼は悲しむ」とは悲しそうな振舞の集まりに縮退してしまう。ここでその人工的短絡を避けるには、上述の意味の回路網の迂路を採る他はない。それによって現実の他者のコギト命題が持つ複雑さが初めて描写されるからである。

「彼は悲しい」という理論命題の意味は行動主義的短絡のように単に悲しげな振舞の集合では尽くされない。彼は悲喜の感情を持ちうる者として「彼は嬉しい」の意味に接続する関係を持つし、血圧の低下や脈搏の減少やアドレナリンの濃度低下その他の生理学的命題、筋肉の緊張度その他の身体姿勢を述べる命題等、およそ悲しみに関係するすべての命題とのつながりがそこに含まれているはずである。そのような数々の命題との関係によってこの理論命題の意味は、いわば構文論的に規定される。それは例えば自然数3の意味が他の自然数との関係の総体によって規定されるように、理論的命題の意味は意味の回路網によって規定される。原子と電子の衝突という理論命題は直接には経験的意味を欠いているが、無数の観察や実験の命題との関係の総体である意味の回路網によって規定される理論的意味が与えられ、その挿画として大小二球の玉突き的衝突が可能となる。それと同様に「彼は悲しい」という理論的命題には何らの経験的意味もありえないが、観察可能な動作とか発語を述べる経験命題との関係の総体である意味の回路網によって規定される理論的意味が与えられるのである。その理論的意味は詳細に説明できない抽象的なものではあるが、私自身の悲しみの経験をモデルにした挿画によってその大略を伝えることは可能である。

原子や電子についての理論命題の理論的意味は物理学の学習によって習得されるが、他者のコギトの理論命題の理論的意味の方は幼時の言語訓練開始のときから両親や周囲の人々との交渉の中で半ば強制的に習熟させられる。その学習は単に受動的なのではなく、無限に変化する状況の中で自発的で試行錯誤的に試みられる。周囲の人たちとの相互了解が成功すればその試行は強化されるし、不備があれば訂正され調整を受ける。こうして他我のコギト命題の理論的意味の学習は社会的マナーの場合と同じく社会的訓練によってなされる。その結果、物理学者がクォークやニュートリノを、まるでありふれた机や椅子のように話すのと同様に、われわれは他者のコギトについてまるで自分自身のコギトのように親しみをこめて話せるようになっている。そのように平然とした確信を以て絶えず語ることによって、クォークその他の素粒子の、他者の悲喜その他のコギトの実在性の確信は強化されて、やがて疑いを容れぬものになってきた。

絶えず語られ口になじんでくることによって生れてくる実在性というのは一見するほどには奇妙なことではない。

蛍光燈の輝きを、封入気体の分子からの電子が管壁に塗られた蛍光体に吸収され、そこから光子が放出される、といった理論命題で語ることは、「白く光る」といった当り前の語り方に重ねて語られる「重ね描き」と私が呼んできた語り方である。それは、直接的な経験的意味を持つ白いとか光るという言葉を使う経験描写の上に時空的に重なるように理論的意味を使っての描写だからである。このような理論的意味による描写が習慣化して事もなく行なわれるようになるとき、それにぴったり重ねられた経験描写の持つ実在性をわがものにしてゆく、というのはさして不思議なことではないだろう。それと同様に例えば眼前の人を二重に描写することを考えてみる。その人は涙を流し肩を垂れている、というように観察的に描くことができる。だがそれに重ねて、彼は悲しいんだ、という他者コギト命題で描くこともできる。他者についてのこのような「重ね描き」が習慣的に強化されてゆくとき、やがては「彼の悲しみ」という理論概念にそれが重なる観察的事態の持つ実在性が移行する、ということも十分考えられることである。

他者コギト命題の理論的意味がこのように順調に形成されてゆくばかりとは限らない。意味回路網で規定された理論的意味を何かの対象に試行的に適用してそこから生じてくる経験的命題を待つ、という他我試行は物理理論の適用手順としての仮説演繹法そのものに他ならない。そして、そこで期待されている経験的命題は私自身をモデルにしているのだから、当然人間の身体や動作についての命題である。したがって、適用対象が人間の身体や動作とかけ離れた形状や動きをするものである場合には期待される命題は得られないだろう。その場合には他我の意味の試行は否定的結果に終ったことになり、それ以後その対象を他我とみなさなくなるだろう。金属製のロボットのような物は、こうして他我とはみなされえないで、人間として応対されることはまずないだろう。新生児やペットの哺乳動物の場合には母親や飼主は努めて甘い結果判定をとることで試行が肯定的結果をえたと強弁することで、それらの対象を擬制的に人間扱いをする傾向がある。この傾向が甚だしくなれば万物有魂のアニミズムに至ることになる。近代人がそういう極端に走らないで他我すなわち人間の範囲を適度に抑えているのは、他我の意味回路の適用を仮説演繹法によって意識的にコントロールしているがためであろう。

五　問題点の再確認

以上述べてきたことを今一度振り返って要約しながら問題点に重点を置いてゆこう。

出発点は他我問題をひき起こしてきた病因であった。他者の意識に私は立入れない以上、他我のコギト命題を私は理解することはできない、という単純素朴な主張がその病因である。この私には理解不可能な他我のコギトを類推するという類推説は、始めからこの病因をも理解できなかったのである。

この病因を避ける唯一の手がかりは、実際生活では他我のコギト命題をわれわれは不十分ながら理解しているということにある。この生活上の事実は、私に経験不可能であってもなお理解可能な意味がありうることを示唆している。そして自然科学の理論概念や理論命題の意味はまさにそうしたものではないか。だとすれば科学理論概念の意味に範をとって他我コギト命題の意味を構成できるならば、少なくとも科学概念と同程度にまで理解可能となり、他我問題の病因を回避できるはずである。

科学の理論概念の意味は、検証可能な経験命題との関係によって規定されている。他我概念の場合にその経験命題に当たるものは身体動作や発話という観察可能事象の他には考えられない。その点に着目したのはよかったが、行動主義は性急にもそれら行動命題にすべてを託して他我のコギトという理論概念を消去するという暴力的誤りを犯してしまったのである。理論概念と検証可能な経験命題とのつながりは多様複雑で、単純な論理学的概念で一括できるようなものではない。そこでそのこみ入った関係の総体を保存して意味の回路網と呼んだのである。

ところが他我概念の回路網は明らかに自我概念の回路網と同型になっている。これは自我と他我の同型性という人間生活の根幹ともいうべき観念から当然期待されることである。この自我と他我の同型性に基づいて自我概念の意味回路網の中で彼我置換を施したものが他我概念の意味回路網となるのは自然であろう。それによって類推説の動機であった自他の類同性が実現されると共に、行動主義の骨格であった観察可能な行動との接続によって他我コギトの意味を規定するという態度が維持されるのである。

このようにして形成された他我コギトの意味が現実生活の中で順調に機能するかどうかは、あらかじめ保証されているわけではない。この意味を現実に使用してゆくことで粗雑な点は補正され、不必要な部分は摩耗によって除かれてゆくのはエンジンやギヤボックスと同様である。こうして現在われわれが使っている他我概念はそれぞれが自分の生活の中で使いこなしてきた成果としての意味である。この意味がいかにして形成され、いかにして使用に堪えるものになったかを述べることが、私が意味の発生論的方法と称したものである。

他我問題の病因を回避できるのはこの発生論的方法の他にあるとは思えない。ウィトゲンシュタインがいくらか思いつき的に述べた「言葉のお祭り的はしゃぎから普段の意味に戻す」ということの一つの手法がこの意味の発生論的方法なのである。それによって言葉の現実生活での働きとその由来が明らかになる。そのとき、現実には一面的、萌芽的にのみ存在する歪みが誇張されて哲学的問題の扮装をとるからくりが見え易くなるのである。

他我問題は哲学的病因によってひき起こされた哲学的問題に他ならない。今後この病気が二度と流行することがないように願っている。

「他我」の意味制作《ポイエーシス》

一　他我の問題性

「君（彼）の気持ちはよくわかる」、こうしたことを言い、言わないまでもそう思ったことは誰にも度々あることだろう。しかし、哲学史で他我問題と呼ばれてきた第一級の困難をひき起こすのは実はこの一見当たりさわりのない命題なのである。

ためしにこの命題に「本当にわかっているのか」と疑念を出されたとすると誰でもたちまち困惑に陥るだろう。君または彼の気持ちがいかなるものか私には全く知ることができないからだ。なるほど私は君や彼の気持ちがどうであるのかを想像しているだろう。しかしその想像している気持ちを君や彼が実際に抱いている気持ちと比較して両者が等しいとか違っているとかをきめるためには、君や彼の気持ちがどんなものかを想像するのではなくて知らなければならない。しかしそれを知るためには私が君や彼という他人になってその気持ちを経験しなければならないが、それは私が私である限り金輪際不可能である。だが事態はそれ以上に悪い。知ることはできないが想像してもかまわないじゃないか、と言いたい所だが、それさえもできないのである。知ることが全くできないものを想像するというのは死後や誕生以前の世界を想像するのと同じで全くでたらめの想像をすることに限りなく近いからである。何の手掛かりもない所、その想像が正しいか間違いかを判定する手段が一切無い想像というのは、何を勝手に想像してもかまわない無責任で勝手放題な想像だからである。このことは人の気持ちなどでなく感覚のように原初的なことについても全く同じである。他人が見ている赤の感覚とか奥歯の痛みについても私にはそれらを知ることもできねば想像することもできない。想像しているつもりになっているのはいつも私の赤の経験であり私の痛みでしかない。いつも自作自演できるだけなのである。

この困難が生じる源は明白である。すなわち、私は自分以外の人間の経験を持つことができないという自他の間をへだてる鉄のカーテンである。この鉄のカーテンはシャム兄弟をすらへだてる徹底したものである。シャム兄弟が食当りで共通の腸や腹膜の炎症で一緒に腹痛を感じたとしても、その兄は弟の、弟はその兄の腹痛を感じることはできず、それ故に二人は互いの腹痛がどんなものか知ることも想像することもできないのである。それはその兄弟は互いに他人として相手の経験を自分のものとして経験することはできないからである。このことは自他をへだてる鉄のカーテンが生理学的なものではなく論理的なカーテンであることを示している。

ホモサピエンスとか哺乳類の特性などではなく、他者の経験を私が経験するということは「私」と「他人」という昔からの概念の意味から禁じられているのであって、赤い屋根が同時に青いことが赤と青等の色彩語の意味から禁じられているのと同様である。したがって、大昔から現在まで流通している「私―他人」の意味を変更しない限りこの鉄のカーテンが破られることはない。そして「私―他人」の意味を変更するということは恐らく全言語の編成変えを伴なうことになるだろう。

ところがこの打破不可能と思われる鉄のカーテンにもかかわらず、われわれは毎日他人の気持ちや意識について易々と語り易々と考えている。つまり、日常生活においては他者の意識について語り想像するのに何の障碍もないと認めざるをえないのである。

このように、一方には通行不可能な鉄のカーテンがあり、一方には通行自由な日常生活がある。この矛盾が哲学史の他我問題の発生した源であり、現代に至る多くの哲学者を悩ませてきた病原菌なのである。

他我問題のこの構造はしかし同時にその解決なり解脱なりの仕組みを指示している。すなわち、他者の意識がどのような意味で日常生活で実用されているかを反省してその実用されている意味を制作できればよい。その意味は鉄のカーテンをすり抜けたものであることはわれわれの日常生活が証明しているものだからである。「私―他人」の概念を無事使いこなしてきた古代から現生人に至るヒトの全生活がそれを保証するものである。

かくて私が目指すべきものは、他者の意識についての意味を日常使用されている意味にできるだけ近づけて制作することである。

他者の意識についての意味、というのを今少し具体的に述べよう。考える、思い出す、意図する、愛する、といった様々な意識の動作を一括してデカルト風にコギト動詞と呼ぼう。そして、うれしい、悲しい、見ている、恐ろしい、等々をコギト形容詞と呼び、コギト動詞とコギト形容詞を合わせてコギト述語と呼ぶことにして一般的にCで表わし、その個々のものをC_1と書こう。すると、「私はC_1」という命題の意味は私自身が経験することだから私は熟知している。しかし「君は（彼は）C_1」という命題が何を意味するのか私には皆目わからない。それが鉄のカーテンに他ならない。しかし、日常生活では私は事もなくその意味を承知して使用している。その実用されている意味にできるだけ近い意味を改めて自覚的に制作する（アリストテレスの言葉でポイエーシスと呼べるだろう）、それが私の目指す所である。ただしその際に鉄のカーテンに触れないことが至上命令なのである。一方、哲学史上で成功しなかった二つの試みを参考にすることはその誤りを避けるため——いわば地雷を踏まないようにするため——には有益である。その二つとは類推説と行動主義とそれぞれ呼ばれる二つの考えである。

二　類推説

他者の気持ちは自分の気持ちから類推して知るのだ、という類推説は多分誰もが暗黙のうちに考えることだろう。これほど自然な考えはない。しかし一旦鉄のカーテンに面するとその自信は忽ちに崩れてしまう。私が感じる歯痛から彼が感じるそして私に一切感じられない歯痛を類推するというのは $\sqrt{-5}$ を $\sqrt{5}$ から類推したり将棋の駒組から碁の布陣を類推したりするのに似て、越えられない鉄のカーテンを飛び越えることなのであり、ウィトゲンシュタインの言うように、自分の経験を他人に移植することはできないのである。

このような致命的な誤りを犯した類推説はたちまち見捨てられて今日それをかえりみる人は殆どいない。しかし次に述べる行動主義に較べるならば類推説は素朴な真実を含んでいることを忘れてはならない。それは、他者の意識はとにかく私自身の意識に類似したものであるという素朴であるだけに日常実用されている意味に忠実な点である。他方その欠陥は「類似する」というのが余りに漠然として無定形《アモルフ》であるということが後に明らかにされるだろう。

三　行動主義

他人の気持ちをわれわれがわかる場合には、その人の顔つきや態度や動作、それに何よりもその人の発言から見当がつく、というのが日常生活の事実である。その発言を含めて顔つきや動作を一括して「行動」(behavior) と呼べば、その行動からその気持ちを類推すると考える類推説に対して、その行動の集合によってその気持ちの意味を定義するというのが行動主義である。例えば、悲しそうな振舞からその人は悲しいのだと推測するのではなくて、悲しそうな振舞のすべてがあるときに「その人は悲しい」と呼ぶ、つまり、「その人は悲しい」ということの意味は悲しそうな振舞をすべて示していることだと定義するのである。こうすれば鉄のカーテンは何ら障碍にはならない。鉄のカーテンなどは一切無視して私が見てとれる振舞の集合で定義してしまうからである。鉄のカーテンの遥か上空で他者の意識は私に丸見えの見透しになるからである。行動主義は私に丸見えの他者の振舞だけで事をすまそうというのである。当然そこには私に不透明なものが介入する余地は全くない。

しかし、まさに行動主義のこの成功が行動主義の致命傷になっていると私には思われる。なぜならば行動主義が定義する意味は日常実用の意味とまさにこの点で相違するからである。日常実用の意味での他者の意識は、このように完全無欠な透明性を持っていない。他者は行動主義の振舞集合で定義される意味のように心の底まで見え見えではない。いつでも若干の不透明が残留しているのが他者である。それに行動主義は振舞集合としての他者の意識を定義することによって、振舞集合ではない内的体験にとどまる私の意識とは種類の異なる意識を他者に与えている。だから類推説が保存していた私の意識と他者の意識との類似性などは跡形もなく吹き飛んでしまっている。ところが日常実用の意味にはこの類似性が保存されていることは明瞭だろう。歯医者はその患者の誰に対しても自分の歯痛と類似した痛みを訴えているものと理解しているのであって、単に痛そうな振舞をする可哀そうな人間だと思ってはいない。つまり、行動主義が与える意味は日常実用の意味と相違している、いやかなりへだたっていると言わねばならない。だからこそ、行動主義はただ短期間人を納得させるだけで強く説得することができないのである。ウィトゲンシュタインがその死に至るまで行動主義の周囲を彷徨するだけで遂に定着することがなかったのもそのためであるように思われる。

四　他者の思考的意味

類推説に含まれていた自他意識の類似という真理の一片こそまさに行動主義に欠落していたものである。しかし同時に他の真理の一片が行動主義の中核であったことを忘れてはならない。それは私にも認知可能な他者の行動を他者意識の意味の基礎に置いたことであり、それによってともすれば感知不可能な領域に浮遊しかねない他者意識を経験に結びつけて経験可能の領域に留めようとした点である。

類推説と行動主義それぞれの欠陥を認識した上は、われわれの目指すべき方策がそれによって与えられたのも同然である。行動主義の正しい方針であった行動という経験との接続を維持しつつ、それと共に類推説が正しく表現したが行動主義に欠けていた自他意識の類似をも脱落させないことである。こうして行動との接続と自他意識の類似、この二つの性格を共に保つような他者意識の意味を制作できたならば、それこそ日常われわれが実用している意味にほぼ望ましい程度に近似する意味であろうし、したがって他我問題の病因である鉄のカーテンを突破することができる意味であろう。そしてかくして他我問題の葬儀を行なって墓石を建てることができるだろう。あとはこの問題がドラキュラのように目をさまして哲学の生血を吸うことはもうないようにと祈るだけでいい。

そのためには右に述べた方針、つまり、経験への接続と自他類似性を保持しつつ鉄のカーテンを超えるような他者意識の意味を制作しなければならない。ここで鉄のカーテンとは結局、私には私以外の他人の経験を持つことは不可能ということであった。ところがここで要求される状況に極めて類似している状況が既にあることに気づく。それは理論概念の意味の場合の状況である。例えば電子とか電場、磁場の意味である。それらの意味の中には、それらのものは直接に見たり触れたりはできないものだということが含まれている。電子を見ることは人間の眼の持つ条件や照射光の性質から事実的に不可能なのではなく、知覚できないものとして意味されていることは電場の意味と変わらない。私は「私—他人」の意味からして他者の意識を知ることができないという鉄のカーテンと同様に、電子や電場はその意味の中に直接知覚できないという鉄のカーテンが組みこまれているのである。それにもかかわらず、われわれは電子や電場について様々なことを知っているのはどうしてだろうか。その仕組みがわかればそれはまた私が鉄のカーテンを超えて他者意識を把える方式を与えてくれるだろう。それを念頭に置いて理論概念を観察してみると、理論概念の意味は何ら知覚的な映像に類するものが含まれていない純粋に思考的（conceptual）な意味であることに気づくだろう。理論概念の意味は、知覚的映像的な想像によって理解されるのではなく思考的に理解される意味として与えられているのである。だからこそ電子や電場は知覚不可能な何ものかであるのである。このことを他者の場合に平行移動させてみよう。結果は明瞭である。「私—他人」の意味は、あの鉄のカーテンそのものが示すように、他者の意識は私に知覚不可能であることを含んでいる。ということは「他者の意識」の意味は知覚的意味ではないのだ。当然それは思考的意味である他はない。例えば「彼は腹が痛い」という命題の意味は私が知覚する私の腹痛に類する知覚的な意味ではなくして、思考的意味、電子や電場の意味と同様に、考えてわかる意味なのである。

だが思考的意味とは何とも奇妙でいかがわしいと思う人が多いだろう。しかし誰もが普段から思考的意味とは空気や水のように接触しているはずである。ヒュームが言う「感知できない」ほどの小ささ（何オングストローム）や大きさ（何億光年）はすべて知覚不可能で、ただ考えることで理解されている。時計の短針の回転速度、ヒゲの伸張時速、太平洋底の移動やヒマラヤ山脈の隆起の時速、それに秒速三万キロの光速、これらの意味を知覚的に想像できると言う人はいない。それなのにそれらの意味を理解しているのはただ考えて理解できる思考的意味だからである。また、1、2、3の自然数をはじめとする数学の概念のすべて、更に数字嫌いの人でも愛とか恋とか平和とかの抽象概念の思考的意味を考えて理解している。ちなみに、哲学史上「普遍問題」と呼ばれて他我問題以上に多くの面倒を起こしてきた一般概念、例えば個々の赤色をすべてその事例として含む「赤色」の意味も、それが思考的意味であることを承知していれば問題はすべて解消したと私には思われる。一般概念としての「赤色」の意味を何か個々の赤と同じに知覚的だと思うことに面倒の種があると思うからである。「個々のピンクやワインレッドをその事例とする一般的な赤」というのが一般的「赤色」の思考的意味、そう考えられた意味であるとすれば面倒は起こらない。

更に過去と未来についての命題は思考的意味でなければ理解できない。「雨が昨日降った」という過去命題、「午后には雨が降るだろう」という未来命題の意味は、雨が降りつつある映像的な意味（知覚的意味）ではありえぬことは明らかだろう。そういう映像には何ら過去性や未来性を示すものは含まれていないからである。過去性や未来性は知覚できるものではなく考え思うことではじめて理解されるものである。したがって上記の過去命題や未来命題の意味は思考的意味である他はないのである。以上のような思考的意味の広大な領域を思わないではウィトゲンシュタインの近来有名な言語ゲームの本当の意義も理解できないはずである。言葉の意味として映像的な意味（イマージュ）しか考えられないソシュールをはじめとする言語学者の偏見から免れて、言語使用を意味とする見解に到達し、それを洗練したのが言語ゲーム論なのである。それ故に知覚的映像的意味とは相反する思考的意味を認めないでは言語ゲーム論は不可能であったと思われる。

こうして思考的意味のいわば素性が公認された以上、他者意識を思考的意味とする見地に対する反感は抑制できるだろう。そうして、この見地が他我問題の病根である鉄のカーテンを超えるほとんど唯一の方式であることを承認するだろう。

五　コギト意味網による思考的意味

他者意識を思考的意味だと認知することは単なる序の口にすぎない。具体的にその意味を制作し構成する肝心の仕事がまだ残っている。その作業の型枠となるのが類推説の骨格であった自他意識の類似性なのである。この自他類似性の型枠に意味のセメントを流しこめば、この類似性の構造を持った意味が成型されてくるだろう。その型枠とは例えば「私は思案中だ」「私は苦しい」、「私は尻が痛い」といったコギト命題で、一般的には「私はC」と書けよう。Cは前節で述べたコギト述語である。ここで「私はC」という命題の意味は当然私自身のC_1体験によって与えられる。そして各種おびただしい数のC_1体験の間に排反、同伴、全体―部分といった様々な関係があり、その関係によって「私はC_1」という命題の間に意味関係があることになる。例えば「私は尻が痛い」は「私は苦しい」の意味を内含し、「私は愉快だ」の意味と矛盾し「私は尻に傷がある」の意味に内含される。こうした意味関係の総体をコギト意味（関係）網と呼んでおく。この私自身の経験で裏打ちされたコギト意味網での「私」という主語を「彼（又は君）」という二・三人称で置き換えたものを他人称コギト意味網と呼ぶと、この意味網の要素は「彼は尻が痛い」といったもはや私には知覚的意味を持たない命題である。しかし、この意味網を例えばユークリッド公理系になぞらえることはできる。この公理系の点、線、上にある、等の要素は未定義概念《プリミティブ》と呼ばれてそれ自身は特定の意味を持たず、ヒルベルトが注意したように、ビールびんであろうと机であろうと勝手な意味を想像してかまわない。しかし一旦この公理系を理解したならば、その理解の中ではそれらの概念はその公理系を満足するものという意味を持つに至る。こうして公理系によって規定された点や線の意味が先に述べた思考的意味でしかありえないことは明らかだろう。それらの意味はただ公理系を満たすと考えられた意味であって、もはやビールびんや机とは全く無縁である。それと同様に他人称コギト意味網の要素である各他人称コギト命題も、ただその意味網の諸関係を満足すると考えられた限りの思考的意味として理解される、こう考えることは不自然ではない。こうして、他人の尻の痛みはどんなものか鉄のカーテンに遮られて全く見当がつかないが、同じく私には知りえない彼の歯や胸の痛みとの同種性だとか彼の不愉快さだとかその他の彼のコギト経験との諸関係が私の場合と同型《アイソモルフ》であると考える思考的意味を持つことになる。痛みをはじめとする他者の内的経験（意識）を遮る鉄のカーテンを超えてそれを有意味に理解することを可能にするのは、私の経験と同型と考えるこの思考的意味をおいて他にはないと思われる。次節で示すように、この思考的意味に経験的意味を加えて拡大する必要があるが、その前にこのような理論的意味の制作の理解を助けるために比較的容易な事例として、「面積」の意味の制作を挙げておこう。

面積、あるいは体積や長さ、といった幾何学的計量概念が一体何を意味するかと問われて言下に答えられる人はいないだろう。その答が簡単でないのは、面積もまたその公理系から制作される思考的意味だからである。ここでは場違いな数学的厳密性を無視してその公理系の概略を言えば、恐らくは(1)二つの閉じた図形を連接した図形の面積は元の図形の面積の和である、あるいは(2)一つの閉じた図形の内部にある図形の面積は元の図形の面積より小さい、(3)合同な図形の面積は等しい、(4)一辺の長さ1の正方形の面積は1である、等々を含んだものであろう。すると例えば縦横がa、bの長さの矩形の面積はその(1)と(4)から簡単にa×bであることがでてくるだろう。曲線図形の面積は公理系に積分を加えることで得られるだろう。面積とは一体どういう意味なのか、との問いには「面積」を未定義概念とするこの公理系を満たすと考えられる思考的意味であると答えるものである。「彼は尻が痛い」のような他人称コギト命題の意味もまた、それを一つの未定義命題として含む公理系と見ることのできる他人称コギト意味網を満たすと考えられる思考的意味なのである。

六　思考的意味の経験的拡大

しかし、他人称コギト命題の制作にあたって前節でのような思考的意味でとどめておくのは不充分である。というのは他者意識の意味は一切の知覚的意味を排除した純粋な思考的意味として実用されてはいないからである。日常生活で実用されている他者意識は必ず多少なりとも他者の行動、なかんずく他者の言語発言に結びついている。そしてこれこそ行動主義（三節）が過大に強調した点に他ならない。それゆえ日常実用の他者意識の意味にできるだけ近似した意味を制作するという目的からして、この経験的結びつきを取り入れねばならない。

　前節で思考的意味の範例としたユークリッド幾何学の場合にはこの経験との結びつきとして「直線」を光線や張り糸に、「平面」を水面やガラス板に、「点」は板の角《かど》や針やペンの先端に結びつける通常「経験的解釈」と呼ばれるものがある。しかし、「彼は尻が痛い」という命題の経験的解釈として彼の尻の痛そうな振舞をもってくるのは明白な見当違いである。光線が直線の経験的解釈だということは、光線がユークリッド公理系の直線という語に代入されて公理系を満たすということ、すなわち直線の思考的意味を経験的に実現しているということである。ところが私が尻痛を感じているとき、顔をしかめる、びっこをひく、腰かけ方がゆがむ、笑わない、「尻が痛い」と発声する、等々の振舞群がそれに随伴するが、これらの肉体的随伴動作が元来意識の内的経験の間でのコギト意味関係を満たすはずがない。それゆえここで心身関係一般に私が使用してきた「重ね描き」の概念を使うことにする。すなわち、私の内的経験を語る「私は尻が痛い」という命題とそれに随伴する振舞を述べる命題とは、私のある一つの状態を異なる語彙で重ねて描いているとするのである。このことによって直線を光線で経験的に解釈するといった「解釈」に陥る危険は避けられ、一方行動主義が行動主義心理学からうけついだ行動優先の偏見（客観的科学性等の唯物論的偏見）から距離を保つことができる。行動主義が行動によって意識命題の意味を定義構成するのに対して、心身重ね描きの概念では心身いずれが優先かの問題には全く中立的であるからである。

更に重ね描きであることは、コギト命題の意味制作において振舞等の経験的結びつきを取り入れる方式を極めて簡単明瞭なものにする利点がある。つまり、コギト命題の内的経験からくる意味に随伴する外的振舞の意味を単に並立的に付け加えればよいのである。「私は尻が痛い」&《アンド》「私はびっこをひく」&《アンド》……といった具合に。

さてまず先に挙げた私のコギト意味網にそのような重ね描きの単純付加をすべてのコギト命題に施して拡大する。次にこうして得られた拡大コギト意味網のすべての命題主語を私から彼や君の他人称に置換することは前五節と同様である。しかし大きな違いがある。ここでは鉄のカーテンは半分破れている。というのは付加された随伴動作命題は他人称化しても私に十分知覚的に理解可能だからである。他者の動作や発言は私に知覚可能だからである。そこで拡大コギト意味網から制作される他者コギト命題の意味は、拡大されない前の純思考的意味に動作振舞についての知覚的意味を単純に加えたものになるであろう。ここでの単純加算は、例えば自然数5の純算術的な純思考的意味に、指の数といった知覚的意味を加えるように平明容易に遂行できる。

以上の手順で制作された他者意識のコギト命題の意味は、第一に私自身のコギト命題の意味と中核の思考的意味においても同型であり、それに重ね描きされる随伴する振舞の知覚的意味においても同型、要するにその全部が同型であることは明らかであり、類推説が正しく示唆する所を果たしている。第二に、他者の内的意識の思考的意味に外的振舞の知覚的意味を重ね描くことによって、行動主義が目指した私に観察可能な行動を内的意識の経験的手掛りとする利点を行動主義と全く同程度まで享受できる。この意味で類推説と行動主義にそれぞれ含まれている真実を合わせ持つことになる。

七　意味の経験的適用と改訂、不可視者の場合

以上のようにして他者意識の意味が制作されたとする。次はその制作された意味を日常生活の中で実際に使用することになる。実際に使用することによってその意味がどの点で満足な働きをするか、どの点で不整合や会話の食い違いのような故障を起こすかが判明するだろう。故障が起きたならば意味に適当な変更を加えて修理することが可能である。こうした補正を頻繁に加えてゆけば、そして他者意識の使用頻度は非常に大きいことを考えれば、満足できる意味に向かって限りなく近づくことは十分可能であろう。

こうした実用テストをする場合に、われわれの意味が他者意識の個々のコギト命題を孤立させて制作したのではなく、コギト命題をすべて一緒に包括したコギト意味網を出発点にとった

ことが大きな利点を与えることに注意したい。それによって感情、感覚、意図、思考といった各種のコギトを横断縦断する相互関連によってコギト命題の意味の間にネットワークが張りめぐらされていて、個々のコギト命題はそれによって相互に支えられ補強されることになる。そのため一つのコギト命題の意味の成功は他のコギト命題に波及するし、不成功や失敗による訂正や改善もまた全部に伝染して他者コギトの意味全体を集団的に強固にする。このことの一例として、不可視者が晴眼者の視覚にどのような意味を制作するかを考えてみよう。

幼い不可視の子供が健常児の幼稚園に入って驚嘆するほどの適応をしてまるで晴眼児の一人のように振舞ったケースがある（渡辺由利編著『全盲達ちゃんと和光』星林社、一九八六年）。達ちゃんという不可視の子供が友達の晴眼児の視覚世界についてどんな意味を制作したのだろうか。

達ちゃんの意味制作の基盤となる自分のコギト意味網には視覚に関する意味が欠如している。しかし達ちゃんは友達の行動と発話を視覚を欠きながらもある程度認知できたであろう。そこで彼はそれらを重ね描くことで拡大コギト意味網を作ることはできる。そこでも視覚の内的経験が欠落している、がそのことは他者の視覚について思考的意味を制作することに大した障碍にはならないだろう。このことはわれわれがはじめて論理学の基本概念である連立詞《アンド》や選言詞《オア》、普遍、存在量化詞その他を公理系によって思考的意味として理解するとき、またコウモリやイルカの超音波感覚を想像の中で思考的意味として理解する場合を考えてみればよい。こういうとき自分で経験できない状況の意味が既知の事項と関連することが多ければ多いほど、その思考的意味の制作が容易になる。達ちゃんが自分では経験できない視覚風景も、触覚や聴覚と類似した感覚であり、思考や感情とも関連するものと考えることによって、その思考的意味の制作はよほど楽にできるだろう。それに他者の振舞が重ね描きされるとき、友達の晴眼児童とサッカーで合図や警告を叫んだり遠足で川の流れを語ったりすることができても不思議ではあるまい。逆に晴眼児が不可視者の意識についての意味を制作するのも決して容易ではない。うかつに暗黒の闇を想像するのは、問題が思考的意味なのに安直な知覚的意味に飛びついて犯す誤りである。知覚的ならば暗黒のような可視風景ではなく頭の背後や側方のように視野の外にあって不可視の風景をとるべきだろう。しかし達ちゃんの視覚意識は思考的意味として把えるべきであり、想像上の知覚風景はその思考的意味の単なる挿し画にすぎない。

達ちゃんが与える教訓は、他者意識の意味制作においてコギト命題の意味を孤立的に考えるのではなく、コギト意味網のように一挙にコギト全域を目指す方が制作を遥かに容易にするということである。

いずれにせよ、以上述べてきた他者意識の意味制作によって制作された意味が、われわれが現に日常実用している他者の意味である、とは主張できないし、またそう主張するのではない。そうではなく以上述べてきたのは、日常実用の意味に限りなく近似した意味を制作することが可能である、ということである。しかし、他者意識の意味の制作が可能であることを示すことで、いわゆる「他我問題」から脱出するには十分なのではあるまいか。なぜなら鉄のカーテンがあるにもかかわらず他者の意識についての意味が可能であることがわかれば他我問題の問題性が消滅するからである。「君の気持ちはよくわかる」、このありふれたせりふも遠慮なしに口にできるだろう。このせりふは他人の意識を語る他のすべての命題と打って一丸、一枚の意味網として日本語の形成に伴なって共同制作され、以来無数の試行錯誤で改編改訂を重ねながら連綿と伝承されて、今日では十分固化乾燥した確固たる意味として通用しているのである。

八　アニミズム、ペットや天使

そのように他者意識の意味の制作が無事成就するためには何よりもその基盤として文字通り母なる言語がなくてはならない。胎児の成長のためには子宮壁や胎盤に有機的に結合せねばならないように、意味形成のためには母国語にしっかり着床しなければならない。なぜならばこれまで述べてきた意味制作には、第一に私のコギト意味網が必要であり、第二にそれに重ね描かれる他者の振舞の重要部分はその他者との言語会話であり、この二つ共に母国語なしでは考えられないからである。

ところが言語的交信が不可能な対象、無生物や天使、悪魔、死霊等の場合にも他者意識の意味制作が成功しているのが見られる。

その結果としてアニミズムや呪術的宗教が成立する。しかしそういう場合、女の子の人形遊びに明瞭なように一人二役の想像的会話が演じられていたり、ペットに対する愛着や麻薬やお香による宗教的陶酔といった心理的状況の下で意味制作の作業に故意または無意識の手抜きが加えられている。そのために辛うじて制作された意味は脆弱で動揺しており、一般的に流通することはできないで、文明の辺境に住む部族とか文明の中の特殊なグループの間でのローカルな使用にとどまることになる。[*] それに対してそれぞれの母国語にしっかり着床した他者意識の意味は、異なった母国語の間にも翻訳という仕方で移動できるだけの強固さを持っている。そのために多少の性別や人種差別の障壁はタンクのように押しつぶして拡大してゆき、今日では地球上の現生人類すべての間で流通する単一の意味になっているように見える。この幸運な世界史的状況に敬意を表して哲学史から「他我問題」を登録抹消したいものである。

＊ 自分の飼うペットや自分の生んだ乳児に対して私的に制作される意味は手製の粗雑さのため公共的に流通することはできないが、それはそれで制作者には十分なのである。かえってそのペットや我が子との独占的交流の誇りとなる。神との交信を誇る巫術者もその類いであろう。

*
*
*

鏡の中の左右

昔の人々は鏡というものに何か呪術的なものを感じていたということだ。それがありふれた日用品になった今ではそんな感じを持つ人はもういないだろう。しかし時々ではあるが、いくらか謎めいた疑問がもち出されてくることがある。そのような疑問を二つばかりとりあげて真面目に考えてみたい。こういう野暮用は哲学の仕事ということになっている。

その疑問の一つは、鏡に写る像は左右が逆なのに上下は逆でないのはどういうわけだというもので、二つ目の疑問は、その鏡像とはそもそも一体何ものなのだということである。

一　逆転の事情

鏡像は実物と左右が逆になっているという話は私も度々聞いたおぼえがある。論文などで触れているのを見たし、確かアメリカにはそれを主題にした本があり、日本語訳まであるということも聞いたことがある。しかし私は、それは実はうわさ話に惑わされたのではないかと思う。というのは実際に鏡に当たってためしてみると左右逆転などは見られないからである。たとえば、鏡に面して左右の腕を水平に横に伸ばし、その左手先から右手先に矢印を貼ったとする。この矢印をその鏡の像と見較べたとする。明らかに二つの矢印は同じ向きであって逆転などはしていない。先にしるしをつけた棒とか鉛筆を使ってみても同じである。逆転などはどこにもない。では逆転などというわさはどこからでてきたのだろうか。私の臆測では、今やったように実物とその鏡像を単純素朴に見較べるというのではなく、もっと手の込んだ見較べ法をとったのがうわさの源ではないかと思われる。私は今鏡の中の私と向き合っている。ここであのアリス（Through the Looking Glass）のように鏡の中に入り、私の鏡像にすっぽり重なるものと想像する。私は鏡の中で廻れ右をしてからそうすることになる。この想像の中で私の右手は鏡像の左手、私の左手は鏡像の右手にすっぽり重なることになる。もちろん矢印の向きは逆転する。この右手と左手との交換を逆転と呼んだのがあのうわさの出所ではないかと思うのである。この鏡像にすっぽり重なる方式を「身重《かさ》ね法」と呼ぶことにする。この身重ね法は、鏡像ではなしに私以外の他人に私が向き合っているときに、その人の左右と私の左右が逆だというときの見較べ方式に他ならない。このときも私がその人にすっぽり重なるとすると、私の右手はその人の左手、私の左手はその人の右手に重なる。それを私とその人は左右逆だというのだ。この対面する人と左右逆だというときの身重ね法を、鏡の中の私自身の姿をもう一人の他人に見立てて適用する、それが左右逆転のうわさの出所だと思われる。実際例えば角力や野球で力士や選手の右手とか左手とかいわれるとき、われわれは思わずこの身重ね法を想像して、自分の左右と重ねていはしないだろうか。

しかしこの手の込んだ身重ね法はしばらくおいて、単純な見較べ法でやってみよう。すると、私に面した鏡では左右は逆転しないが、腹から背に抜ける前後方向が逆転している。ここで一般化が可能となる。

逆転するのは鏡面に垂直な方向であり、またそれに限る。

たとえば池の対岸に立つ人や樹が水面に写った姿は「倒立」、すなわち上下方向が逆転している。左右方向の逆転を見たければその方向に垂直な鏡（私の横面に平行な鏡）を見ればよい。お望み通り左肩から右肩の線である左右方向が逆転しているだろう。一方、私と対面する鏡では逆転するのはそれに垂直な前後方向だけであるから左右が逆転するはずはない。

このように、単純な見較べ方式で考えるならば事情は至極透明であって整理されている。にもかかわらず、わざわざ手の込んだ身重ね方式をとって左右逆転の惑乱的なうわさを生むことになるのはどうしてか。

それは明らかに身重ね方式が如何にも自然な方式であるが如くに思えて、人は容易にそれに誘惑されるからである。そして身重ね方式が自然に思える原因は、人体が正中面に関してほぼ左右対称であるからである。左右対称であるから鏡像にうまくすっぽり重なることが可能であり、身重ねが自然になるのである（その一部として、指を開いた右手の鏡像は左手と大略合同）。もし人体が左右対称でなく、たとえば一方の腕が鋏だとか片腕がないとかすれば、この身重ね方式は甚だ不自然な方式となって左右逆転のうわさを生むこともなかっただろう。

しかし幸か不幸か人体は事実として左右対称である。しかし幸か不幸か上下対称ではない。そのために左右逆転のうわさを生む身重ね方式が自然にとられる反面、上下逆転のうわさの元となるような身重ね方式は不自然または不可能であって人の口に上る機会がなかった。左右逆転のうわさが高いのに、上下逆転が語られること稀な理由はそこにある。

終りに一言。以上は人体のような立体形についての考察である。ハンコや写真のネガフィルムのような平面図形の裏表などに現われる逆転については別途の考慮が必要である。

二　鏡像の身分

鏡に写る鏡像は一体何なのか。物理学者はこの疑問に答えることを忌避しているようにみえる。しかし、常識からいっても鏡像が物質でないことは確かである。では、物質でないなら一体何であるのか。疑問はこう繰り返すだろう。鏡像は物質そっくりに見える、しかし物質ではない。ここで、だからそれは物質の「像」なのだ、だから鏡像とか光学像と呼ばれているのだ、と答えたとすれば、ではその光学像とかは一体何ものなのだ、こう疑問は繰り返すだろう。ここで、像とは表象の一種で物理世界ではなく意識の中に在るものだ、と答えたくなる。しかし、この答は実は意識と世界という対立の二元論の裂け目を開くジッパーの開き口なのである。物理的な客観世界の事物に対してその主観的な像を考えるという二元論の思考パターンの口火をきる発端になりかねないのである。この近代科学の根底にある物—心二元論を阻止しようとすれば、その二元論の発生点である光学像の考えを何としてでも押し止めなければならない。そのためには鏡像をはじめとする様々な光学像を「像」とする考え方とは違った見方を提出し、像の考え方に競り勝たねばならない。像の考え方が支配してきた年月の長さとその考え方にくみする自然科学の強大な力を思うと、これは全く勝ち目のない無謀な試みである。しかし敢えて蟷螂の斧をふるって一つの試案を提案してみよう。その提案とは、鏡像その他光学像と呼ばれているものは像ではなく実物そのものの姿である、ということである。

鏡像の場合なら、鏡に写っているのは実物そのものの姿である、と解釈するのである。しかし鏡像は実物が在る方向と違う方向に見えているではないか。その通り、それは実物の方をまっすぐ見ているのではなく、鏡面で折れまがる視線に沿った方向から実物を見ているのである。折れまがった視線など考えられないと言う方も多いだろう。しかし元々「視線」とは何を意味しているかを考えていただきたい。眼から見ている対象を見透す線が視線の意味だろう。見透し線とは言い換えれば、その線上に不透明体があると、それに遮ぎられて対象がかくれて見えない、そういう線のことである。だとすれば、鏡像を見ているときの見透し線としての視線は鏡面で反射的にまがっていることになる。熱い沙漠で若干の仰角をもった方向に蜃気楼の椰子の木が見えているときの視線は、オアシスの椰子の木と見ている人の眼を結んだ弓なりにまがった曲線である。その人はオアシスをその曲線の視線に沿って見ているのであって、オアシスの蜃気楼と呼ばれる「像」をあらぬ方に見ているのではないのである。

しかし、蜃気楼にしろ鏡像にしろそれらが見える方向が外れているばかりではない、実物とは「異なる場所」に見えているではないか。実物とは別な場所に実物が見える、というのは余りに露骨な矛盾ではないか。

たしかに鏡の中に見える鏡像の位置は鏡面の背後にあり、実物の位置は鏡面の前方にあって両者の位置は明白に異なる。しかしこの位置の違いが如何に明白なものであっても、それはあくまで表面上のものである。位置が違うとか同じということの意味を今一段掘り下げてみると、この表面上の矛盾は消えてしまう。鏡を見るときに見える鏡像の位置を同じく鏡の中の別の物の鏡像の位置と比較して、その異同をいうには何の問題もない。見えるがままの異同である。しかし、鏡像ではなく実物の位置が比較の対象になるときは、事はそれほど簡単ではなく用心深い考慮が必要となる。鏡の手前に置かれた実物の位置は鏡像の場合とは全く別の枠組の中での位置である。すなわち、鏡という物体とその前の問題の実物の客観的物理的な空間内の配置の中での位置である。この客観的な物体配置をある一つの視点から眺めるときの知覚風景の中の位置がこの物体配置の中のどの位置に当たるか、それをきめるきめ方で鏡の中の鏡像（これも一つの知覚風景である）の位置が物体配置のどの位置にあたるかがきめられる。それは山歩きでの知覚風景の山や川や森が、それらの物体配置の図である地図のどこに当たるかをきめるのと全く同じ方式である。それは地図の上のある地点からある方向を眺めたとき、どんな知覚風景になるかを知っており、今現在見えている風景に一致する場所を地図上で探すことである。そして今見えている鏡像の風景は実物の裏側の風景であるのだから、それはある視点から実物の裏側を見るときの風景であることは確かである。それならば、その視点がどこであるかは棚上げして、鏡像が実物の裏側の風景であることは間違いない。それならば鏡像の位置は実物の裏側の位置、すなわち実物が在る位置、つまり物体配置では鏡の手前の位置であって鏡の後方などではない。それなのに鏡像の位置を鏡の後方だと思いがちなのは、鏡像の知覚風景での「鏡面の奥」に見える鏡像は物体配置の中での「鏡の背後」であるとあわてて直訳してしまうからである。そして空気しか存在しない「鏡の背後」に見える鏡像は何かいかがわしい、確固とした存在を持たないものだと誤解されて「像」という烙印を押されるはめになった。前に述べた左右逆転の誤解がそれを助けたと思われる。

この「像」解釈が常識を支配してから年久しく、その長年の間に常識はそれに習熟している。そのため右に提案した「実物」解釈は奇異不自然な屁理屈のでっちあげのように感じられるだろう。しかし鏡を見る機会の多い女性の実感はどうだろうか。鏡に写る自分の顔が本当の自分の顔ではなくて、えたいの知れない「像」だと感じるだろうか。クリームを塗りお白粉をはたくとき、顔の像の上にクリームやお白粉の像が付くように見えるのだろうか。男の目で観察する限りそうは見えない。あの丹念さや熱中振りは、像などではなく本物を相手にしての作業であるとしか思えない。それなのに鏡で見えているのは自分の本物の顔なのだ、こう考えるのをさまたげるのは、自分は鏡のこちら側にいるのに鏡の顔は向こう側だという思いであろう。しかし右に説明したようにその位置決めは間違っているのだ。鏡のこちら側の顔を鏡面で反転する視線に沿って見ているのだと思っていただきたいのである。

しかし、いくらこう私が頼んでも多分駄目だろう。長年にわたる像解釈に習熟して骨肉まで染まった常識はびくともしないだろう。おそらくここでは説得は役立たないで習熟が必要なのだろう。哲学ではいつでもこうだから困る。鏡像の像解釈を止めて実物解釈を採るのは、長年使い馴れた包丁やひげそり器から違うブランドのものに変えるようなものであろう。だからまずとにかくお試し下さいと頼まねばならないのだろう。鏡を見るときに、もし運よく思い出して下されば、この実物解釈をあてはめていただきたい。それほど不自然でも奇矯でもない見心地であるはずだ。幸いそうであれば二度、そしてよければ三度と繰り返していただく。そのうち馴れてくればそれが実績になる。そして新しく頑迷な常識が生れる。

こうして常識が像解釈から実物解釈にくらがえすることもないとはいえない。もしもそのように都合よくゆくとすれば、それが現代科学を支配している物―心二元論の綻びの発端になることも夢ではない。

風情と感情

感情について考えるに際して少し風変わりな視点をとってみたい。それは絵画や音楽、それに詩歌の美的認識の基礎にある「風情」と呼ぶことになるものから感情を眺める、という視点である。この視点から当然かもしれないが風変わりな結論がひきだされることになるだろう。感情とは認識の一形態である、という一見信じがたいような結論である。それでまずその風情の説明から入ることになる。

一　風情《ふうじょう》

例えば、皓々とした月の光を浴びる雪の山並とか、夕暮れの陽を散らして悠々と流れゆく水とか、月並みと言ってよいほどの感動的な風景にあってそのような感動を引き起こす当のものを「風情《ふうじょう》」と呼びたい。こうした感動をわれわれの側の感情の一つと捉えがちな通念に抵抗してそれを、風景の側に帰すべきものを（広義の）知覚する、と見たいがためである。ここで風情を知覚すると言うには理由がある。

もちろん第一には、風景が引き起こす感情、という観念を拒否したいためである。風景に対する感動は単に気まぐれに起きたり起きなかったりする感情的反応というよりは、知覚が持つ強制的受動性とも言うべき性格をそなえてその風景がわれわれに迫るのである。神々しい崇高さとかのびやかな寂寥とかの風情は風景そのものに接着してそこにあり、われわれはそれを単に知覚すると言うべきだろう。

風情とは人の顔の表情と全く同じ意味で風景が持つ表情であり雰囲気である。悲しげな表情はその顔の目口鼻と一緒に知覚されるのであって、その表情の台である顔の知覚によって引き起こされる二次的な感情反応ではない。口もとに漂う哀しみはその唇と不可分に知覚される以外にはない。それと同様に、月夜の雪山の崇高な風情は、その山の形や雪の白と分離不可能な形で知覚される。ここで形や色といった伝統的な知覚とははっきり区別すべきだと感じる人のためには、風情の知覚を「高階の知覚」と呼ぶことにすればいい。ラッセルの階型理論《タイプセオリー》で述語に述語する述語は一段高いタイプだと呼ばれたのを流用するのである。これは全く根拠のない無責任流用ではない。哀しみの風情は顔の通常の意味での知覚にそなわる、つまり第一階知覚の上に知覚されると言えるからである。また「赤い」に述語される「色である」というラッセル高階の述語に平行して、赤壁の赤色の知覚の上に「色彩」または「彩色」が高階知覚されると言うのは全く以て自然であり、知覚される赤色に対して「色である」と判断されるのだ、と言うのに較べて遥かにまさっていると誰にも感じられるだろう。

更に「高階知覚」の概念は全く別の問題に対しても有効な働きを示すことがわかる。音について、高い、明るい、鈍い等々と言い、色について、暖かい、寒い等と言い、逆に母音の色を云々する（ランボー）、そのほかにも何かの知覚について別領域の形容を帰する現象について、共通感覚その他の人工的からくりで説明するよりは、音や色の知覚の上に「明るい」「暖かい」等を高階知覚するのだと言う方が簡明にして自然ではないだろうか。

また、快感と不快または苦痛という、感情とも感覚とも判定しかねる、しかも人間存在の最基底に属するものをここで単純明快に高階知覚であるとすることは慎重複雑な検討を必要とするのは当然であるとしても、有望な手掛かりであるように思われる。美味しい食物の味の知覚からそれが与える快感を区別したり、歯の痛みとその痛みの苦痛とを分別分離したりすることができぬ以上、味や痛みの知覚というあり方とその快苦のあり方はたとえ別々のものだとしてもその隔たりは極く小さいはずであり、味や痛みの知覚の上に快苦の高階知覚があるのだという言い方に強い同感を覚えるからである。

更に、高階知覚の事例として快苦の知覚に並ぶものとして音楽の風情を忘れてはならない。一連の音の通常知覚の上にメロディや曲想を高階知覚する、という言い方は極めて自然ではないだろうか。そしてこの場合当然、メロディや曲想が風情に他ならない。

この音楽的風情が風情の高階知覚の性格を典型的に表わしている。音の通常知覚の上にメロディや曲想の風情を高階知覚する。だから、高階知覚される風情は通常知覚である音の上に「乗っている」と言えるだろう。それに倣って、快苦の風情は五感の知覚に乗っており、見られた風景に乗って風景風情が高階知覚されるのである。一般的に言うならば、通常知覚に乗っている風情が高階知覚される、ということになる。

このことから、高階知覚は視聴触味嗅の五感による知覚とは全く異なった様式の知覚であることがわかる。すなわち、高階知覚には視覚における形や色、聴覚における音、味覚における味等に並ぶ知覚形質はない。それらに代わって、高階知覚には言語との親密な接続がある。つまり、高階知覚される風情が最もたやすく表現されるのは言語である。風景に乗る風情でも音に乗る音楽的風情でも比較的に容易に言語で表現される。このことは広い意味での「思い」(狭義の「思考」を含む)と共通している。思いにもまた感覚的形質が欠けていて、ただ言語的に表現されるからである。一方、言語の「意味」の心理的側面を観察すれば、そこにも知覚的形質が欠けていて知覚的把捉を不可能にしている。風情と言語との密接な関わりはこのような類似性を遥かに超える本質的なものがある。すなわち、知覚風景の言語表現――例えば「黒い犬が走った」――は実は高階知覚の一つに他ならないと考えられるからである。そのような言語表現は知覚風景の上に乗った高階知覚なのであり、そのいわば精神的イデア性がその言語命題としての形に表われているとみるべきであろう。

二 風情と絵画・音楽

絵画の動機を風景や人物の視覚的再現に求めるというのが一般の通念であるが、風情という観念から言えばこの通念に訂正を加えねばならない。確かに絵画は風景・人物の写生、つまりその視覚的再現である。しかし、その真の狙いは知覚風景の上に乗る風情の再現にある、とみるべきではあるまいか。画家の目指すのは知覚風景の写真のような再現写生ではなくて、その対象が与える美的感動なのであり、その美的感動をになうのはまさに風情だからである。写真家もまたその対象が持つ美的感動を一番強力に再現する風情を目指してその撮影のアングル、背景、照明を選ぶのである。

画家がその対象の形状にデフォルメをし、色彩に手心を加えるのは、それによって目指した風情がよりよく再現されるからだと解釈したい。多くの場合、対象の幾何学的形やそのプロポーション、そして透視画法的遠近を忠実に複製することは風情の再現に殆ど寄与する所がなくむしろ妨げになる。幼い児童たちはこのことを本能的に知っているので、例えばその母親を描くときにラファエル的な曲線ではなく単純な直線でその体を描く。手足と指の数、目口鼻の数が合っていればそれで人間の風情、長い髪とスカートがあればそれで女性の風情がでるのに十分なのである。キリンの風情は不釣合に長い頸と皮膚の上の斑点があればほぼ十分で、それ以上の細かい写実は足しにならないというより邪魔になる。

この風情を目指す児童画や素朴画家の手法はそのまま抽象画の手法ではなかろうか。計量的に正確な釣合いを無視し、透視関係に逆らい、時に複数の視点を合併する（立体派《キュビズム》）、こうした尋常ならざる描法は児童画と同様に、対象の知覚風景の上に乗る風情を現出させようとする狙いのためだとすればよく理解されるのではなかろうか。その意味で、児童は天然の抽象画家なのである。

風情を現出するためには知覚風景をデフォルメする方が効果的な場合が多いということは、風情とそれを載せるベースの知覚風景とが一対一対応していない、つまりある一つの風情には複数の知覚風景が対応するということを意味している。忠実な知覚的写実や写真も様々なデフォルメも同一の風情を現出するからである。事実、喜びや哀しみの風情を見せる数限りない顔がある。このことから、風情とは個別的な知覚風景に対して一つの「普遍」であると言えるだろう。普遍である風情は知覚風景のように個別的なキャンパスに描くことはできない。ただそれを載せる知覚風景を描いてそれによって風情を現出させる以外にはない。こうして絵画が現出する風情も、その基となった対象の風情も五感によって知覚されるのではなく、一つの普遍として高階知覚されるのである。

風情を普遍とする一つの例証をヘンリー・ムーアの彫刻に見ることができる。女性の体がとる一つの姿勢、例えば横坐りで一つの腕を頭上から肩へ円い輪にする、をムーアは位相幾何学的に連続変形する。すなわち、連続的に滑らかに変形する。その結果、具体的なプロポーション、例えば腕と頸の太さの比率とか腕の傾きの角度とか、瑣末な凸凹とかは消去される。残ったのは、胴に首が接続し、その胴から一つの腕が首を包んで大きな穴を包んで大きな輪を造っているボリュームである。しかし、その女体が持つ風情は失われるどころか遥かに強く現出している。その人体が占める空間の形態——横坐して腕が空所を囲む形態——が持つ力動的構造が持つ風情を最も簡潔にまた直截に表出するのである。

事情は絵画にあっても全く同じである。自然風景、静物、人物のいずれにあっても、それを構成する空間部分、例えば山やリンゴや肩の空間領域が互いに重なったり貫入したり接続している。またその長短の方向が交叉したり平行したり放散したりする。一括して言えば、これら各部分の配置がある風情を与える。一番簡単な場合には垂直性とか水平性が強調されるし、二

▲ヘンリー・ムーア「寄りかかる人体」（一九三八）
◀ポール・セザンヌ「大水浴」（一八九八〜一九〇五）

つの部分の間に空間的重みとでも言うべき違いが生じ、それを色彩が更に強める。画家がよく使う「動性《ムーブマン》」という言葉とぴったり一致しはしないが、空間部分の力動的運動とでも呼びたい風情である。というのは、それら静止している空間部分にある抽象的運動、すなわち向きと勢い、それに質量に似た抵抗や慣性を感じさせるからである。

対象が持つそのような風情を画布の上に再現しようとするとき寸法通りの写生写実が最善の手段ではない。セザンヌは対象の各部分の寸法を無視した単純化を図ったと言えないだろうか。対象の細かい小部分を整理してかなり体積の大きい部分に統括して画布の上に面積のかなり大きな平面部分に一つの色で塗り分ける。ある方向、例えば水平の方向を誇張したり各部分の重みのバランスを自由に変える。こうした結果その画面は現実よりもかなり平面的な印象を与える。しかし恐らくセザンヌの眼にはその画布は現実が持つ風情を一段と鋭く、一段と強烈に与えるように見えたのだろうと私は想像する。あるいは、その現実の風情は単なる糸口なり発端を用意するだけであって、それを手掛かりにして画家は自由に一つの風情を創造しようとしたのかもしれない。いずれにせよ、セザンヌや印象派の画家たちの絵には先に述べた児童画の場合と同様にある風情を目指して現実を整理デフォルメした形跡がありありと見られる。

右に風景や絵画の風情を空間部分の抽象的運動だと述べたが、それは音楽の与える風情もまた抽象的な空間運動であるように思われるからである。通常、絵画は空間的芸術であるのに対して音楽は時間的芸術だと言われるが、音楽の風情はまがう所なく空間性のものではないだろうか。

演奏される音は空間のある場所で鳴るものとして聞こえてくるように思われる。その場所を斜め右約五メートルのあたりというように限定することはできないことは確かであるが、空間内のある場所で鳴る、というよりもある場所が鳴っているということはかなり確かなように思われる。そしてその場所が動いてゆく。ピアノの音は雨垂れのように離散的に動いてゆく。弦楽器の音は連続的に流れてゆく。そして奏者の数が多いときはその流れには幅がある。それに対して木管の音は一条の糸のように動いてゆく。これらの動きは座標で表記できるような明確な現実的な運動ではない。だから抽象的運動と言ったのである。しかし、オーケストラの指揮者のタクトや腕の動きを惹き起こすに足るだけの現実性を持っている。指揮者でなくとも聴者の足の動きは単にリズムの調子を合わせるものだとしても、自然に起こる腕や指の動きは演奏音の抽象的運動を追っていることは多くの人が自分の経験から認めることであろう。その抽象的運動には様々なものがある。リズムを変えながらの上昇、下降、旋回や飛躍、緩急の方向転換や後退や停止。音が音を追う追跡、音が音をめぐりながら手をとりあって上昇してゆく。しゃっくりが入ったような気まぐれな跳躍、等々。これら抽象運動の様々はまさに風情の様々に他ならない。

このように音楽の与える風情を音の空間的抽象運動だとみるならば、音楽が時に与えるあの他に類のない感動を理解できるように思われる。その抽象的運動が何かの形で無限に向かっての進行であるとき、例えば涯のない高みへの上昇運動や深淵への落下運動であったり果てのない低徊であるときに、人は崇高とでも呼びたいような感動に捕えられるのである。一言でいえば、その抽象運動に（高階）知覚される空間的無限が音楽の感動なのである。そして視覚においてもそれに対応するものがある。自然風景にあっても描かれた画布にあっても空間的無限が知覚されたり示唆されたりするとき、音楽の感動に非常に類似した感動が与えられる。雪に覆われたヒマラヤの連山とか月明の大海原とか月並みな情景のことを考えていただきたい。これら空間的無限が与える感動と好一対をなすのは遠い昔、遠い過去の想起の中の風情が時間的無限を示唆することで生じる「懐しさ」の情動であろうと思う。空間的にせよ時間的にせよ人が辛うじて無限と接触するとき、現世には珍らしい情感に触れるのではないだろうか。それは一言でいえば、世界の無限性に打たれる、ということである。

三　普遍、風情と言語の結び目

風情を現出させる風景や絵画、また一連の音としての音楽はいずれも知覚としてこれ以上ないまで個別的である。なぜならそれらはただ一回きりの知覚風景であり、またその細部は完全に規定されている。それに対し、風情の方は時空的な細部というものを持たずに同一の風情が異なる知覚によって現出されることが可能であり、個別的知覚と正反対に普遍なのである。風情が持つこの普遍としての性格は、言語のボキャブラリーの中の一般語が持つ普遍性に一致している。日常言語のボキャブラリーは助詞、前置詞や固有名の僅かな例外を除いては、一般名詞、動詞、形容詞と数えるまでもなく普遍概念として普遍性を持っている。これら一般語、例えば「犬」という普遍名詞の意味を考えてみればすぐわかるように、時空的細部を欠き、個別的な犬に対する普遍である点で、風情の持つ普遍性そっくりそのままの普遍性を持っている。

一般語の普遍性についてはいわゆる普遍問題とよばれる哲学史上の議論が長く続いてきている。その議論の核心は、(1) 個物が何であるかには問題はない、(2) それに対し、普遍を了解する明確な方法が与えられない、特に個物の了解を基礎にして普遍を了解する方法が見あたらない、ということにあったと要約できると思う。例えば、個別的三角形や個別的赤は見ればわかるので問題はない、しかし無限の三角形や赤色を包摂する、三角形一般とか赤一般をどう了解してよいかわからない、というのである。ここで躓きの石になったのは、一般概念を個物概念と同種の概念だとみようとする先入見である、と私には思われる。しかし、個別的三角形や個別的赤は知覚されるのに対して、三角形一般や赤一般は知覚されるのではなくて思考されるのだと解するならば、この障害物は消失するだろう。これまで述べてきた風情についてはこの障害は存在しない。風情はそのベースになる知覚風景が知覚されるのに対して高階知覚されると考えられているからである。一方一般概念は上述のように思考されることを合わせ考えると、高階知覚とは実は思考の一種であると考えて差支えないようである。更に高階知覚はプラトンのイデア把捉様式やフッセルの普遍把捉の様式である本質直観《ヴェーゼンスアンシアオウンク》に著しく近縁なものだと言えそうだが、それはギリシャ哲学者や現象学者の検討をまつべきである。

風情と一般語は共に普遍であるが、その最も簡単な事例は種類名である。一匹の個別的な犬を知覚するときそれは犬（という種類）であるという判断が暗黙的になされている。それが犬として知覚されている、というそのことが既に暗黙的判断なのである。それを言語の側から言えば、犬という普遍概念を含む判断命題が思考されるということである。一方、風情の側からみれば、それはその個別的な犬の知覚の上に「犬である風情」を高階知覚するということである。

犬である風情についてと同様に、それが「白いという風情」、「泡を吹いている風情」についても同様なことが言える。それらの風情、ひいては何らかの述定の風情は、その個別的な犬の知覚の上に高階知覚される。それらの風情の高階知覚は同時にその述定命題を内容とする判断であるゆえに、高階知覚とは実は言語的判断に他ならないと言えよう。更に、犬であるとか白いとかの判断はその白犬の知覚に内蔵されている。さもなければ白犬としての知覚はありえないだろうから。この知覚から分離できない判断をフッセルが範疇的直観《カテゴリッシュアンシアオウンク》と呼んだのもこの不可分離性を意識してのことであったと思われる。

このことから風情の高階知覚もまた通常の知覚と不可分に一体となっているので、これまで通常知覚の上に独立に高階知覚があるように述べたのは誤りで訂正せねばならない。

この通常知覚と風情の高階知覚との一体性、それと共に知覚風景と風情との一体性は考えてみれば当然のことで、一連の音知覚とそれらが生むメロディの一体性と同様に明白なことである。だがこの一体性を強調することはかなり重要な波及効果を持つ。その一つは、普遍概念とそれに包摂される個別事例との間にややもすれば想定された疎遠さを取り除くことである。普遍は個物に従来考えられてきたより遥かに強く密着していると思わねばならない。それに平行的に、普遍の把捉様式である思考（高階知覚）と個別の把捉様式である知覚が密着して一体化している、ということになる。このように考え直すならば普遍問題もまたその問題性を和らげる。個別の把握の中に既に普遍の把握が含まれているのである。ちょうど、経験的に厚みのある線を見ることの中に、その厚みの両端として「幅のない線」の把握があるように。そのことが忘れられた所で普遍問題が人工的に造られたのである。

だが個別的知覚とそれを包摂する普遍との不可分の一体性が確認された今、個別的知覚から普遍概念への「普遍化」の道と普遍から個別への「例化」の道は遥かに自由な往来であると感じられるだろう。この普遍概念の自由化にはまた更に大規模な自由化が伴なっている。すなわち、感性と悟性一体化の自由である。知覚の中に融け込んでいる悟性の一般概念を暴力的に抽出する必要はもうない。感性なき概念は空虚、概念なき感性は盲目などと言うのはなまぬるい。一方を欠いた概念や感性は単に無なのである。

この悟性と感性の一体性の中に普遍としての風情も普遍としての言語も理解されねばならない。普遍としての赤色一般、普遍としての「赤い風情」がなければ個別的な「赤いバラ」はそういうものとして知覚されることはありえない。普遍としての家一般、普遍としての「家の風情」なしには一つの物体が「家」として知覚されることはない。そのような普遍を何か人為的推測だと勘違いしてそれらを拭きはらったなら純粋無垢な感覚与件《センスデータ》が露出すると考えた今世紀初頭の実証主義は現代の原罪を犯したのである。

要約して言えば、風情は知覚に密着しており、その密着の仕方は一般概念の「意味」がその包摂事例である知覚風景に密着するその仕方と同一なのである。だからそれは言語が知覚と密着する仕方だとまとめて言えるだろう。更に一転回して、思考、より解放的に言えば「思い」が知覚に密着する仕方である。一括すれば、知覚に密着してあるのは思いであり言語であり風情だ、ということになる。

ある対象に面して知覚するのはその色と形である。それに対応的に、ある対象を思うとき、言語でそれを思うのである。だから知覚における色覚に対応して思いにおいては言語覚がある、と言っていいはずである。あのバラは四季咲きだ、野イバラ系だと思うのがその赤色を知覚するのに相当する。思いが言語覚によることをまざまざと教えるのが過去想起の経験である。

言語覚による思いが知覚に密着しているのは現在知覚の経験である。この現在知覚経験に対して過去想起経験では知覚的要素である色や形は欠落して思いの言語覚だけが独存していることに気づく。実際、過去を想起するとき、想起されるのはああであった、ああしたという言語命題であって、そこには視覚的な色も形もほとんどないことが反省されるだろう。そこにほんの僅かの色や形が見えかくれしているように思われるが、注意深く反省してみればそれは一般概念の包摂事例が痕跡的に浮遊しているだけである。

こうして想起される過去は知覚的要素を欠いて純粋に言語的命題の集積である。そしてその言語的命題は固有名や接続詞等以外には一般名辞から成っていることを考えれば、過去は「普遍の相の下」、あるいは「イデアの相の下」にある。西洋哲学史、特にその経験論的系譜の伝統に誘引されて、われわれはともすれば知覚的個別者の把捉は問題なく容易なのに対して、普遍者の把握に困難があるように思いがちだが、実は少なくとも過去想起においては普遍者である一般概念を自由自在に操作しているのである。当然プラトンのイデアの把捉もまた易々たる日常茶飯のものであるということになる。それに対して個別者の世界である知覚経験は過去に対する「今現在」の経験であって、ここでは個別的知覚と言語的思いが密着して共在している。過去が「普遍の相の下」であるのに対して、今現在は主として「個別の相の下」なのである。この個別的知覚に密着して言語的思いがあるわけである。

個別的知覚に密着する言語的思いには、比較的に局所的（local）なものと全域的（global）なものがある。個別的知覚を局部的に述定するような命題、例えば「バラである」とか「真紅である」といった局所的思いと、全知覚風景にかかる「寂しい」とか「重苦しい」とかのような全域的思いであり、この後者の全域的思いがこれまで語ってきた風情なのである。ただし風情と局所的思いの間に明確な区別をすることはできず、ゆるやかな移行があるにとどまる。

しかし、風情が普遍であることに疑いはない。それゆえ風情は何にもまして言語に親和的であり、したがって過去想起に適合している。事実、想起される過去で支配的なのは風情であって、知覚的要素は欠落している。先に述べたように、想起される過去では知覚的要素が欠落してその主要部は言語的思いであることと、このことを考え合わせるならば、その言語的思いこそ実は風情であることがおのずから推測できる。実際例えば過去の風景を想起するとき知覚的細部が失われているのに対して、明るい生気とか果てのない広がりとかの風情が鮮かに保たれているのを多くの人は経験しているだろう。つまり、人は色や形の知覚よりも風情の方をよく憶えているのである。この風情が言語的思いとして言語で表現されることはまことに自然だと言わねばなるまい。風情と言語は普遍の相の下では双生児と言えるほどの間柄なのである。

四　風情と言語

風情と言語の至近の間柄を考えると、一つの風情を現出する方法として絵よりも言葉の方がより適切であることは明らかであろう。詩や歌がそれである。しかし詩歌の手法はまた絵の手法と異ならない。

絵によってある風情を現出させるには、その風情のベースである知覚風景を写生することである。詩においてもそれは同じである。

俳句に例をとると、例えば、

枯れ枝に烏の止まりけり秋の暮

この句の「止まりけり」までは知覚風景の写生である。ただ、ここで行なわれている高度の抽象化は絵画では不可能である。周囲の情景、例えば田や家や遠くの山や空を一切捨象しているが、絵画でそれをすることはまずできない。ただ、無心の児童画か熟達した水墨でなら辛うじて可能だろう。しかしそれでも枯れ枝の曲り具合や枝分れや色、鳥の向きや姿勢をどう画くか選択しなければならない。絵画は知覚的個別者を描かねばならないのである。それに対して言語では、枝や鳥という普遍者を語るだけでよい。それに「秋の暮」という全域的描写が加わることによって、晩秋の田園の夕のほの明るい寂寥という風情を見事にかもし出すのである。この成功が言語、とりわけその一般名辞が持つ抽象化の能力に負っていることは明瞭である。絵画における抽象化が形状のデフォルメとか色彩対比の変更や多重視点といったひと方ならぬ努力の上に遂行されるのに対して、言語の持つ普遍はいわば生れながらにして抽象力を備えているのである。

その言語によって語られる風情には最少限の知覚的個別者しか必要でないようにみえる。

春の海ひねもすのたりのたりかな

この句の風情は明確であるが、ここには知覚的個別者は驚くほど僅かしか登場しない。空の様子、島影の有無、砂浜の有様、波立ち具合、といった一切の個別的具体が捨象される。そして、春の海、ひねもす、のたりのたり、という三つの普遍によって語られる海辺の春ののうい永遠の時間とでも言うべき風情が極めて強固に現出している。今度は短歌を例にとってみよう。

金色の小さき鳥の形して
銀杏散るなり夕日の丘に　（晶子）

この歌は一見絵画的に視覚的要素を写生しているようにみえるが、それは表面だけで、実は普遍だけの重なりで風情を活きいきと語っていることにすぐ気づくだろう。この種の情景の達人とも言うべきコローがこれを油彩にしたとしても、その風情の現出では晶子の歌に遥かにかなうまいと思われる。丘にそびえたつ大銀杏の夕陽を浴びて葉を散らす風情は知覚的にそっくりな絵具よりも一般名辞の組み合せという言語的手段によって遥かに的確に表現されるのである。したがって、知覚的要素の乏しい歌、例えば、

かがやけるひとすぢの道遥けくて
かうかうと風は吹きゆきにけり　（茂吉）

が語る風情を絵画的に現出することは恐らく不可能であろう。この歌は抽象化どころか知覚風

景について殆ど語っていない。その道は小さな野道か川沿いの道か（実際、この歌がよまれた代々木の原には道がなかった――北杜夫）、そのかがやきは朝日か夕陽か、あるいは霧の中か、その遥かさはいかばかりか、からからという風の音は林が鳴るのか、向かい風が耳を切る音なのか、こういう知覚的細部の一切を語らない。絵画に対比を求めれば恐らくモンドリアンの格子模様に当たるかもしれない。それにもかかわらず、野道、山道に風の中を歩く無数のあり方を普遍的に包む共通の風情が見事に歌い起こされている。それが言語の普遍が持つ魔術的な働きなのである。

詩歌において最も鮮やかに現われるこの言語的普遍の働きは日常生活、特に過去の想起にもくまなく出現している。日常われわれは知覚風景に目を奪われ耳を奪われてそこに密着している風情を忘れがちだが、一旦言葉を使う段になると否応なしに風情に包まれているのに気づかされる。人の表情、空模様、街や建物のたたずまい、食事の味をはじめとする好き嫌い、懐具合や体具合、こうしたありとあらゆる風情を言葉で思い言葉で伝える。手紙や日記で想起した過去を綴ることの主要部分は言葉の組み立てで風情を語ることである。こうみてくると、われわれは自分で思っているよりも遥かに多く普遍の相の下で暮している。われわれの日常は思いの外にイデアの世界なのである。

五　自己知

風情とその高階知覚という概念は当然ながら様々な問題に波及効果を持っている。これまで全然無関係だとみられてきた現象が風情の概念に包含されるということだけで他の現象に近づいたり融合したりする、ということは考え易いだろう。ウィトゲンシュタインが指摘したように、どのような配置や配列で事柄をみるかということがその事柄に新しい光を与えることだからである。

ここではその好例として二つの事柄、まず始めに自己知識を、次いで感情の問題をとりあげてみよう。

私が何かを、たとえば小鳥を眺めてあれはヤマガラだと思うとする。このとき私は同時に、私が今小鳥を見ていてそれをヤマガラだと思っている、というそのことを自覚している。この自己知の構造はまぎれもなく風情の高階知覚ではないだろうか。小鳥の知覚という通常の知覚がまずあり、その通常知覚を更に知覚するのだから、それは高階の知覚である。あるいは、その鳥をヤマガラだと思うという思考体験がまずあって、その思考体験についてそれを小鳥の同定思考であると知ることはやはり高階知覚と言えるだろう。そうだとすれば、そうして高階知覚されるものは風情であることになる。ということは、自分の知覚経験や思考経験が持つ風情ということになる。つまり、今私はかくかくの知覚経験または思考経験をしているという自己知が実は風情の一種類である、ということなのである。そのような自己知はただ言語的にのみ表現されるのが普通であるが、このことはこれまで触れてきた様々な風情が言語的に表現されるという事実と整合する。

この自己知の細部に入る前に、自己知全体について重要なことを述べておかねばならない。それは、自己知においてこそ「現在」という基本的時間概念が出現する、ということである。それはいうまでもない。今現在私が何々を知覚している、という高階知覚のど真中に「今現在」が座っている。かつて私は「今現在」の意味は「今……の最中」という言いまわしからたどるべきであると述べた(本書所収「過去の制作」)。この言いまわしが他でもない、今述べてきた自己知のバリアントの一つであることは誰の目にも明らかであろう。そうであれば、「今現在」とは知覚経験の基礎的風情に他ならない、と言えることになる。実際、すべての知覚経験には常に「今只今知覚中」という自己知が随伴している。この「今只今」こそが知覚経験の風情なのである。そしてこの「今只今」を清掃して丹念に仕上げたものが「現在」の概念なのである。

こういう自己知の一つとして身体図式《ボディシェマ》と呼ばれるものを考えてみよう。自分の手足や頸その他身体各部位の位置や配置をわれわれはよく知っているが、そのような身体の姿勢を身体図式と呼ぶのである。われわれはそれを眼で見るのでないことは明らかである。可動部分の筋肉運動の知覚はあるが、それらがそのまま姿勢の知覚ではない。右足の動きは知覚しているが、それが右足の姿勢の知覚ではない。すると結局、姿勢の知覚はそれら全身にわたる筋紡錘の知覚を総括したようなもの、すなわち一階上の知覚であると考えるのが一番自然であるように思われる。つまり、全身にわたる筋肉知覚の総体が持つ風情を高階知覚したものが身体図式であると考えたい。そしてこの身体図式の高階知覚、つまり身体姿勢の風情が地図的や映像的な表示などではなく、いわく言い難いものであるが敢えて言うとすれば言語的としか言いようがないことは多くの人が事実経験しているであろう。

身体図式と類縁な現象として発語の自己知がある。自分で何か話をするとき自分の声を知覚すると共に喉や唇といった発声器官の運動知覚がある。しかしそれにとどまらないで私が今しゃべっていることが何であるかをわれわれは知っている。それは音知覚と運動知覚の総体が持っている風情の高階知覚であると解したい。その風情が言語的であるのはそれが言語発声の風情だからであると考えるのは速断である。今自分が話していることの把捉は必ずしも発声通りではなく、むしろその発声の意味の把捉であり、元の発声の言い換え、別表現、要約、であったり、ああまた彼の悪口を言っているな、といった隠された意図であったりすることも少なくない。

このような話相手には隠した意図はしばしば当の話者自身にも気づかれないことがある。その意図は表面的な発話の下に隠れながらしかもその発話の動機となっている（Austin の分類では何になるだろうか？）。このような風情を知覚することは、その動機を自分自身に暴露することであり、その意味で自覚と呼べるものである。

しかし自覚という概念を全般的に風情知覚と解することはできない。一般的な意味での自覚、または自覚的な自己知には自我の概念が中核的に働いているので、風情の概念だけでそれをつくすことができないからである。自我概念については別の機会にその分析を試みる予定なのでここではそれには立ち入らない。しかし、自覚的な自己知がその基底的な部分で風情知覚に根ざしているということはこの段階にあってもほぼ推測できることである。

例えば様々な感情の自覚である。今自分がいかなる感情状態にあるか、嬉しいか、悲しんでいるか、怒っているか、恐れているか、等々をわれわれが苦もなく認知していることは疑いない。ここでそれらの感情を知覚の一種と解してよいのであれば、感情の自覚とはまさに風情の高階知覚である、といって差支えないことになる。だが感情は知覚などではない！　これが常識である。したがって次の課題はこの常識の再検討である。

六　感情は認識である

感情とは何か「心の中」に起こる心の動きとでもいうようなものだ、という確信は恐らくは有史以前から人間に棲みついてきた偏見だろう。この偏見を追放するには、こうして誤って心の側にとりこまれた感情を心の外つまり世界の側に返還しなければならない。

例えば恐怖の情をとってみよう。そこには当然何か恐ろしいものがある。向かってくる狂犬、迫りくる火、寄せてくる津波、つめよってくる暴力団、何にせよその恐ろしいものは心の外である世界の中の何かである。そして恐怖の情はこの恐ろしいものに付着している。それなのにこの恐怖の情を恐ろしいものから無理にひき剝がして心の中に取りこむならば、そこに残されるものは恐ろしさを失ったものと恐ろしいものがない恐怖の情ではなかろうか。つまり、恐ろしさなど一つもない何ものかと、恐ろしいもののない恐怖、空《から》の恐怖というわけである。これは、水を酸素と水素に分解しておいてその水素を「水の素《もと》」と言うのに等しい勘違いではないだろうか。

この偏見にひっかからないように用心して事態を見直してみよう。すると、恐ろしいと感じる何かが見えている、ただそれだけのことがあるだけなのが誰の目にも明らかだろう。換言すれば、狂犬とか火焰とかの知覚風景がある、そしてその知覚風景を恐ろしい風景であると認知している、これが事の核心なのである。それを風情の枠にはめて言えば、狂犬その他の知覚風景が恐ろしさの風情を持っていることを認知する、ということになる。そしていうまでもなく、その知覚風景は外界世界の風景である。それなのに恐怖を心の中におしこめたがる偏見に人が誘われるのは、恐らくそこに随伴して生じる一群の生理的反応であると思われる。手足のふるえ、腋の下の冷や汗、胸から腹へ突きぬけるゾッとした感じ、こういった随伴的な反応や感覚を恐怖の本質であると取り違え（この取り違えを厚かましく誇ったのがジェームス・ランゲの説である）、それらが我が身に起きる反応や感覚であるところから、恐怖の感情もまた我が身の中に起きる何かだと思い込むことになったと思われる。

風情という観点からみるならば、恐怖の感情は我が身の内なる心にあるのではなく、外界の風景が持つ風情に他ならない。恐ろしいと感じるとは、実は恐ろしい風情を認知し認識することなのである。恐ろしさの認識こそ恐怖の感情に他ならない。したがって、知情意というように感情を知と対立するものとして把えるのは大きな誤りで、感情は実は知の一形態であると言うべきではあるまいか。

これまで感情と呼ばれてきた様々多数のものについても、恐怖の場合と同様に実は様々な風情の認識なのである。世界のある状況があるいは嬉しい風情であると認知し、あるいは悲しい風情であると認知する。これらの風情の認識に際して恐怖の場合と同様に様々な生理的反応や感覚が随伴する。嬉しさの認識には心搏の増加や血圧上昇、胸や手足がおどる感覚、そしてホルモン分泌の変化などが随伴しているだろう。悲しみの風情認識の場合にはそれらと対蹠的な反応や感覚が起きるだろう。これらの反応や感覚は時としてはかなり激烈で、通常の知的作業に伴なう穏やかで平静な反応や感覚とは似ても似つかない。恐らくこのことが感情的風情認識を非知性的なものに誤解させてきたように思われる。

そのような生理的随伴の反応や感覚がさして激烈でない種類の感情を観察してみよう。そのような感情として「照れくさい」感情とおかしさの感情がある。

照れくさいとわれわれが感じるとは、自分が置かれている状況を照れくさいものと認識すること、照れくさいと思うことなのであるが、このとき随伴するのは顔の多少のほてりや身体運動のぎこちなさといった比較的穏やかなものである。この状況では自分がどう動こうとどうしゃべろうと人の嘲笑を招く危険があると思っており、その嘲笑を予防的にふせぐために従順の表現としてニヤニヤ笑いをするのが普通である。それによって人の嘲笑の攻撃性を幾分なりとも弱めようとするのである。

このニヤニヤ笑いの反応を共有するのは「おかしみ」の感情であろう。何をもっておかしみとするかにはベルクソンをはじめとして色々な考えがあるが、それは棚上げにしてとにかくある状況がおかしいという風情を持つことを認識する、つまりおかしいと思うことがおかしさを感じることなのである。その反応として優越的な高みから見下すようなニヤニヤ笑いがでてくる。おかしみの主役が幼児や小動物である場合にはこの笑いは優しい微笑の形をとるだろう。

照れかくしの卑屈な笑いとおかしみの笑いの二つの笑いは第三のエロティックな状況に随伴する淫らな笑いにつながっているように思われるが、そのつながりが何であるのか今の所わからない。自分の裸体を人目にさらすことの照れくささ、性的事物に感じる奇妙なおかしみやはばかり、恐らくこれらのことが複雑に絡みあっているのだろう。

照れくささの強度が増すと羞じらいに、更に強くなると恥辱の感情に連ってゆくことは誰もが認めるところだろう。ある状況があってそれを自分が恥辱を受ける恥ずべき状況であると思う、恥ずべき状況であることを認識する、それが恥辱の感情を抱くこと、恥辱の感情に襲われることに他ならない。このとき激しい生理的反応が随伴して穴があれば入りたい、居たたまれないといった逃亡や隠蔽の思いが誘発されるだろう。そうした身をゆるがすような思いや感覚が恥辱の感情であると取り違えるのも無理からぬところがある。しかし、それらは恥辱の感情の本体ではなくて随伴物ないしは二次的反応である。本体はやはり状況認識でありその状況の持つ風情の認知なのである。

しかし例えば怒りの感情もまた状況認識だと言っていいのだろうか。そう言うべきであろうと思う。ある状況や人物を腹立たしい状況や人間だと認識すること、腹立たしいと思うこと、つまり腹立たしいと判断することが怒ることであり、怒りの感情を抱くことなのである。もちろんその判断は数学や支払いでの冷静な判断とは全然違った種類の感情的判断である。感情という形をとった判断である。激しい、時には目のくらむような生理的反応を伴なった判断である。しかし、こうした感情的判断の方が冷静な判断よりも遥かに全身全霊をこめた親身な判断だと言えないだろうか。それはいわばその状況に共鳴し状況に身を投入する判断であるからこそ、遠巻きの無関心からの判断の冷静さがないのである。しかしその状況の持つ風情に巻きこまれることによってその風情を認知することにおいて判断であることに変わりはない。

感情をこのような感情的判断として考えるならば、例えばあの「懐しさ」と呼ばれる感情を理解できるようになる。昔の歌を聴いたり昔の話をしたり昔の知人に会うときに誰もが抱くあの「懐しい」という感情である（私の知る限り、懐しいにぴったり対応するヨーロッパの言葉はないようである）。

昔の事や人や歌に出逢ったとき私は遠い過去世界に包みこまれる。過去の様々な出来事や人々が湧くように想起され、そうして想起された人や事がひしひしと私を取り囲む。そうしたむせかえるような過去世界に全身を包まれて私は「過去性」、「過ぎ去った」ということが持つ風情を認識する。先の三節で述べたように、そこでは時間的無限の風情が核心である。その風情が「懐しさ」と呼ばれるものであり、その風情の認識が「懐しさ」の感情的判断なのであり、その判断において「懐しい」と思うことが「懐しさ」の感情に他ならない。

更に、風情の認識が感情的判断であることがあるということから、絵や音楽の風情認識がしばしば感情的、感傷的であることも理解できるのではなかろうか。敢えて一般化して言えば、美的感動もまた一つの感情であり、更には一つの感情的判断である、と。

初出一覧

時間の変造　「現代思想」一九八八年一一月

過去の制作　『新・岩波講座哲学①いま哲学とは』（一九八五年五月）

観測者は邪魔者?　「科学基礎論研究」七六号（一九九一年三月）

刹那仮説とアキレス及び観測問題　「現代思想」一九九一年六月

言語的制作としての過去と夢　「現代思想」一九九一年八月

過去概念の改訂　『シンポジウム「時間・空間」』（一九九二年三月刊行予定）

自我と時間の双生　「哲学」一九九〇年春

ホーリズムと他我問題　「現代思想」一九八八年七月

理論概念としての自我と他我　「現代思想」一九九〇年一〇月

「他我」の意味制作　「現代思想」一九九一年一〇月

鏡の中の左右　「図書」一九八九年二月

風情と感情　「現代思想」一九九〇年七月

解説　大森荘蔵の「晩年様式集《イン・レイト・スタイル》」

野家啓一

はじめに

本書『時間と自我』（一九九二）は、『時間と存在』（一九九四）および『時は流れず』（一九九六）とともに大森荘蔵（一九二一〜一九九七）晩年の時間論三部作を構成する著作であり、その劈頭の一冊に当たる。一九八二年に東京大学を定年で退官した大森は、一一月に脳梗塞を患い、入院・加療を余儀なくされた。後遺症により左半身に麻痺が残ったが、さいわい思考能力への影響はまったく見られなかった。先の三部作は哲学の現場への復帰後、主として『現代思想』を舞台に発表された論考をまとめたものである。復帰第一作は、放送大学の印刷教材等をのぞけば、本書に収録された「過去の制作」（一九八五）であった。それ以降、一九九七年に幽明境を異にするまで、大森はいわゆる「後期大森哲学[1]」と呼ばれる一連の作品群をひたすら書き続けたのである。

ところで、大森が物理学から哲学へと専攻を転じ、アメリカ留学から戻ってほどなく発表された論考に「類比による想像―知覚、電子、他我、の問題」（一九五七）と題された一篇がある。冒頭は次のように書き出されている。

私達がその時その場で閉じ込められている狭い局所以外の事について、考えたり、話したり、思ったりする事を、広い意味で想像と言うならば、私達の生活の大部分は想像によって占められている（中略）然し、この滑らかな想像機能が、或型の哲学問題の中では、突然停滞したり、スリップを起す。この時、想像は非常に危険なものになる。この想像の危険地帯の一つは、ほぼ同型の哲学問題の一群から成っている。知覚の問題、構成概念の問題、他我の問題、過去の問題等がそれである。[2]

ここに掲げられた危険地帯の問題群は、その後の大森が倦まず弛まず考え抜き、手を変え品を変えては挑み続けたいわば積年の課題にほかならない。それは晩年の三部作に至っても変ることはなかった。本書『時間と自我』が照準を定めた主題は、タイトルに見られるように「過去の問題」ならびに「他我の問題」である。以下ではこれらの問題について、前者については論文「言語的制作《ポイエーシス》としての過去と夢」を、後者については論文「ホーリズムと他我問題」および「理論概念としての自我と他我」を軸に、大森荘蔵晩年の「思索のスタイル」をたどり直すことを試みたい。「晩年様式集」[3]と謳ったゆえんである。

一　過去の言語的制作（ポイエーシス）

時間という抽象的なものを表象する場合、われわれはごく自然にノートや黒板に直線を引き、直線上の任意の点に印をつけ、そこに現在を標示する原点（ゼロ点）を置く。この「科学と日常生活でわれわれが使いなれている時間[4]」を大森は「線型時間《リニア》」と呼ぶ。物理学に由来する時間 t のことである。リニア時間は一次元実数の連続性と重ね合わせることができる。つまり、原点（ゼロ点）を基準に以前・同時・以後という形で時間順序が定められるのである。その基盤となっているのは、日常経験の「あっという間」ないしは「瞬間」が変造された、幅を持たない「点時刻」という概念にほかならない。だが、「持続ゼロの点時刻 t_0 における世界の状態とは意味をなさない」［20］のであり、「持続を持たない点時刻とは線型時間から生まれた人工的産物」［99］にほかならないのである。そこから「飛ぶ矢」や「アキレスと亀」など現在まで哲学者を惑わし続けている一連のパラドックスが生じる。この捏造された「点時刻」という概念こそ諸悪の根源なのであり、それを土台に「時の流れ」という俗耳に入りやすい表象もまた生じたのである。大森晩年の格闘相手の一つは、この「線型時間」と「点時刻」という双生児であった。

それに加えて、リニア時間のままでは時間様相の根本である「過去・現在・未来」の意味を捉えることができない。大森によれば、想起こそ過去の「定義的体験」［40］なのである。しかも、「想起とは過去の知覚を繰り返すことではない。再現すること、再生することではない」［41］と重ねて釘が刺される。つまり、知覚と想起とは種類を異にする経験様式なのであり、それが証拠に人は知覚された痛みには七転八倒しても、想起された痛みは痛くも痒くもないはずである。この想起において「知覚の五感に代って働くのが言語」［107］にほかならない。

ここで大森は「過去想起から一切の映像を断絶する試み」［112］としてウィトゲンシュタインの「言語ゲーム」の考えを取り上げる。言語ゲーム論は「言語の意味をあらゆる映像的不純物から精製して社会的言語交信にまで煮つめたもの」［112］なのである。当然ながら、過去形を絵に描くことはできない。絵画に時制（テンス）はないからである。「犬が吠えている」情景ならば、上手下手は別にして絵に描くことができる。だが「犬が吠えていた」情景を絵にすることは、ピカソといえどもできない。せいぜい描いた日付をキャンバスの片隅に記すことができるだけである。

大森の言葉を借りれば「過去記述や過去形の意味の理解はただ過去についての会話の中でのみ学習される」［113］のであり、それこそが言語ゲームの重要な働きなのである。言い換えれば、言語的補助手段抜きの映像だけでは、「犬が吠えている（現在形）」と「犬が吠えていた（過去形）」の区別をつけることはできない。そこから得られる重要な帰結は「過去なるものが実在してそれについて語る、というのを逆転して、過去形での語りの中で過去なるものがはじめて出現するのだ」［114］と常識に反して考えることである。つまり、過去は現在知覚の二番煎じなどではなく、想起と過去形の語りの中で初体験されるものなのである。それを大森は端的に「過去とは言語的に制作されたものである」［115］と要約し、言語的制作にアリストテレス由来の「ポイエーシス」の言葉を当てている。

それでは、どのような過去でも好き勝手に制作できるものなのか。むろん、歯止めは用意されている。まず「自然法則や人間の自然な心情や行動に適合しない不自然な過去」［117］は淘汰される。次に現在接続、すなわち制作された過去はスムースに現在の状況に接続されねばならない。過去と現在の間に量子飛躍は許されないのである。大森によれば「科学理論が実験事実に適合することを求められるのに対して過去命題は現在に自然に接続することを求められる」〔118〕のである。したがって、科学理論と過去命題の評価手続きはおのずから類似せざるをえない。過去命題はこうした自然選択のプロセスを経て「「真」として選択されて始めて公認の過去に付加される」〔119〕のである。

さらに大森は不動不変の過去という思い込みを妄想として退け、「想起命題の真理性、つまり記憶の正しさとは、社会に共有されている歴史に照らして受容可能であるか現に受容済みであることであると、考えなければならない」〔120〕と主張する。このことはヒラリー・パトナムの内在的実在論、すなわち「内在主義の観点では「真理」とは、ある種の（理想化された）合理的受容可能性 rational acceptability（中略）であって、心から独立した、あるいは談話から独立した「事態」との対応ではない」[5]という見解と平仄を合せている。大森もまた、そこでは「素朴な対応論的真理論が使用不可能になる」〔110〕ことを認めているからである。だとすれば、一見奇妙とも反常識的とも見える後期大森哲学は、クワインからパトナムへと受け継がれているアメリカ分析哲学の本流の中に身を置いていると言ってよい。そのことをわれわれは次の他我論においても確認するであろう。

二　他我問題の終着点

大森の前期哲学はつとに「大森独我論」の名をもって知られる。他我認識をめぐる大森の立場が自他ともに認める「独我論的行動主義」の主張だからである。では他我（alter ego）あるいは他人の心（other mind）の問題とはいかなる問題であるのか。前期の論文「他我の問題と言語」では以下のように定式化されている。

> 他我の問題で問題であるのは、他人に事実、意識があるかどうか、あるにしてもないにしてもそれをどう証拠だてるか、ということではない。あるかないかではなく、その前に、他人に意識があるとかないとかで、われわれは何を意味しているか、また、何を意味することができるか、ということである。(6)

つまり、他我の問題とは徹頭徹尾「意味」の問題なのである。カントに由来する哲学的ジャーゴンを使えば、それは脳科学で答が出せるような「事実問題」ではなく、認識の正当化に関わる「権利問題」だと言わねばならない。それに対して前期の大森が提出した答案は以下のようなものであった。

> 私は他人の腹痛を何等かの意味で理解している。ということは、他人が腹が痛い、ということは私にとって無意味な言葉ではなく、それが何であるかはともかく、その言葉を了解している。では何を了解しているのか？　まさに、任意の振舞が与えられた時、それが他人の腹痛の還元集合に属するかしないかを判別できる、という点で他人の腹痛の意味を了解しているのである。（中略）以上のことから、「他人の腹痛」とは一群の振舞の集合に他ならず、「他

人の腹痛」の意味はその集合を判別し指定する役割を果すといえる。このことから、「他人の腹痛」はその振舞集合のゲシュタルト（パターン）と解することができる。(7)

だが、大森はこのあからさまな行動主義的解決には満足できなかった。行動主義の欠陥については本書の中でも触れられている［163〜164］が、これは大森による前期哲学の自己批判ともいうべきものである。その後の大森は「比喩」「虚想」「アニミズム」など、それこそ手を変え品を変えては他我問題のアポリアに挑んでいく。そのさまは、さながら転がり落ちる大石を何度でも山頂へ運ぶシシュフォスのようでもある。そして本書において到達した解決策は、クワインのホーリズムを援用することによって他我を理論概念として捉え直すというものであった。

ホーリズムとは、クワインが論文「経験主義の二つのドグマ」（一九五一）において論理経験主義に引導を渡した際に決め手として提出した鍵概念である。簡単に言えば、分析命題と総合命題の間に明確な区別を設けることはできず、外的世界に関する命題は全体として経験の裁きを受ける、と要約できる。大森の言葉で言い直せば「分析命題とて無謬の真理性をもつものではなく、経験命題と一体になって経験との適合不適合をためされるものである」［161］ということになる。では、このホーリズムがどのようにして他我問題と結びつくのであろうか。

そこで大森は達ちゃんという全盲の幼稚園児を親身に世話した先生が遺した手記に手がかりを求める。重要なのは、達ちゃんと他の健常児との間に言語的コミュニケーションが成立していたという事実である。すなわち「一人称であれ他人称であれ、達ちゃんの使うコギト命題の意味は完全に了解され、友達が使うコギト命題を達ちゃんは完全に理解した」［166］のである。ここでコギト命題とは考える、感じる、愛するなど心の働きを表す動詞を含む命題、他人称とは二人称と三人称を包括した人称を意味する。すると他我問題とは、他人称のコギト命題の意味をどう理解するか、という問題に言い換えられる。

ここからがホーリズムの出番である。他人称コギト命題は単独で理解してはならず、他の理解可能な命題との全体的な意味連関の中で理解されねばならない。大森によれば「おそらく達ちゃんは体験的に了解可能な諸命題をベースにし、それらと当の命題との意味連関を了解することから、やがて「目が見える」という命題の意味を文脈的に了解するに至る」［167］というわけである。そこでこの文脈的意味理解のプロセスを、他我命題一般の意味理解のモデルとすることを大森は提案する。

そのための一歩は「他人称コギト命題をあたかも理論的概念を含む物理学の理論的命題のようにみなして理解する」［168］という形で踏み出される。原子や分子、電気や磁気のような科学の基本をなす理論的概念は、いずれも直接じかに経験することはできないが、われわれはその意味を物理学理論の習得を通じて文脈的に理解しているからである。その際の文脈的意味連関の総体を大森は「意味の回路網」［193］と名づける。そして「理論的命題の意味は意味の回路網によって規定される」［195］とすれば、「彼は悲しい」というみなし「理論的命題」には直接的な経験的意味はないものの、意味の回路網を通じて一定の理論的意味が与えられる。そしてエントロピーやエネルギーの理論的意味が物理学の学習によって習得されるように、他人称コギト命題の理論的意味は、幼児期からの弛まぬ「社会的訓練」［196］によって獲得されるのである。
こうして前期からの懸案であった他我問題は、後期に至ってそれが理論的概念であり、その理論的意味は社会的訓練を通じて言語的に制作されるという結論をもって一応の決着をみる。いま「一応の」という限定をつけたのは、もし大森が存命であったならばそれにも満足せず、さらなる探究を継続したであろうからである。

［注］

（1）本書を含む時間論三部作を「後期大森哲学」と呼んでおく。それに対して、敗戦後すぐ物理学から哲学へ転向し『言語・知覚・世界』（一九七一）にまとめられるまでの作品群を「前期大森哲学」、「ことだま論」（一九七三）の発表から東大を定年退官し脳梗塞で入院するまでの作品群（主に『物と心』および『新視覚新論』に収録）を「中期大森哲学」と呼ぶことにする。

（2）『大森荘蔵著作集』第一巻「前期論文集Ⅰ」、岩波書店、一九九八年、二一二頁。

（3）言うまでもなく『晩年様式集（イン・レイト・スタイル）』とは、先般亡くなった大江健三郎の最後の小説のタイトルである。大江はこの標題を二十年来の盟友エドワード・W・サイードの最後の著作 *In Late Style*（邦訳『晩年のスタイル』）から借り受けている。

（4）本書一五頁。以下本書からの引用は、引用箇所の末尾に頁数をアラビア数字のみで表記する。また傍点はすべて原文のものである。

（5）ヒラリー・パトナム、野本和幸ほか訳『理性・真理・歴史』法政大学出版局、一九九四年、七九頁（原書 *Reason, Truth and History* は一九八一年刊）。
（6）『大森荘蔵著作集』第二巻「前期論文集Ⅱ」、岩波書店、一九九八年、二七一～二七二頁。
（7）『大森荘蔵著作集』第三巻「言語・知覚・世界」、岩波書店、一九九八年、四一～四二頁。

著者　大森荘蔵（おおもり・しょうぞう）

1921年岡山県生まれ。1944年に東京大学理学部物理学科を卒業、1949年に同大学文学部哲学科を卒業。東京大学教養学部教授、放送大学教授を歴任。独自の哲学を打ち立て、多くの後進に多大な影響を与えた。著書に『物と心』『新視覚新論』ほか多数。本書『時間と自我』にて第5回和辻哲郎文化賞受賞。1997年没。

時間と自我
新装版

2023年5月25日　第1刷印刷
2023年6月12日　第1刷発行

著者――大森荘蔵

発行人――清水一人
発行所――青土社

〒101-0051　東京都千代田区神田神保町1-29　市瀬ビル
［電話］03-3291-9831（編集）　03-3294-7829（営業）
［振替］00190-7-192955

印刷・製本――モリモト印刷

装幀――水戸部功

Printed in Japan
ISBN978-4-7917-7555-2